ギリシャ悲劇の仮面

悲劇と福音

―原始キリスト教における悲劇的なるもの―

• 人と思想

佐藤　研　著

160

CenturyBooks　清水書院

母の霊に

序――問題設定

「悲劇」とは何か。

私たちは、ふだんの生活の中でしばしば「悲劇」という言葉を聞き、またときには自ら使っている。そのときはほぼ例外なく、何かあるきわめて痛ましい、厳粛な事態が意味されている。それが私たちの心に深く突き刺さる何かを持っていることが、了解されている。

この「悲劇的なるもの」とは、正確にはどのような内実のものなのであろうか。それが私たちの心に残す強い印象は、その後どのように私たちに働きかけるのであろうか。この小書では、こうした点をふだんよりもやや掘り下げて考え、そしてそれをある対象に適用してみたいと思う。その対象とは「キリスト教」である。「悲劇的なるもの」は、キリスト教においていかなる意味を持っているのであろうか。

「新しい摂理」(=キリスト教)にも、ある感受性を持つ人間にとっては、依然として多くの悲劇的なものがあることがわかる。実践面におけるキリスト教は、歴史上から言っても、悲劇を否定したり、『悲劇を越えた』信仰の場に人間をもっていくどころか、ルネッサンスの初期以来、文学のみならず絵画や彫刻や音楽などに見られる非常に多くの悲劇的表現を生み出す母体を供したのである」（シューウォル『悲劇の探求』八九頁）。

こうした発言に励まされながら、本書ではとりわけ、キリスト教の始源に遡って考えてみよう。つまり、紀元一世紀末頃までの、一般に「原始キリスト教」と言われる最初期のキリスト教において、「悲劇的なるもの」がどのような展開要因となったか——これを探るのを本書の具体的な課題としたい。結論を先取りする形で言えば、キリスト教と名付けられる運動が成立するに際して、悲劇的感性はある決定的役割を演じたと思えるのである。

このような発想から、読者にはすでに予想がつくかも知れないが、このエッセイはキリスト教をある特別な神的「啓示」扱いせず、いわば「人間学」的な考察の対象としている。人間に可能な体験と表象の次元に結びつけて考えている。そのような「人間的」な方法ではキリスト教の本質はわかるはずがないという批判は甘受するしかない。また、「人間学的」であるということは、人間をその歴史的特殊性において見るよりも、歴史を貫く一般性において観察する志向が優位を占めているということである。歴史的「通時的」な視点を無視はしていないが、同時に、あるいはそれより高い比重で、歴史のどの場においても発現しうる「共時的」な要素の抽出に主眼がある。したがって、ある程度の抽象性・図式性は寛恕していただかなくてはならない。またその際、最近の聖書学で優勢を示している社会学的・社会史的議論はさほどしていない。むしろ関心は、文芸学的構造、さらにはそれを生み出した運動の社会心理学的な力学の考察に集中している。叙述の片面性は免れるすべもないが、にもかかわらず、このような試みが原始キリスト教の理解に決して無駄ではないと思えるので、あえてこのエッセイを読者諸氏の批判に曝すことにしたい。

目次

紀元6～44年までのパレスチナ

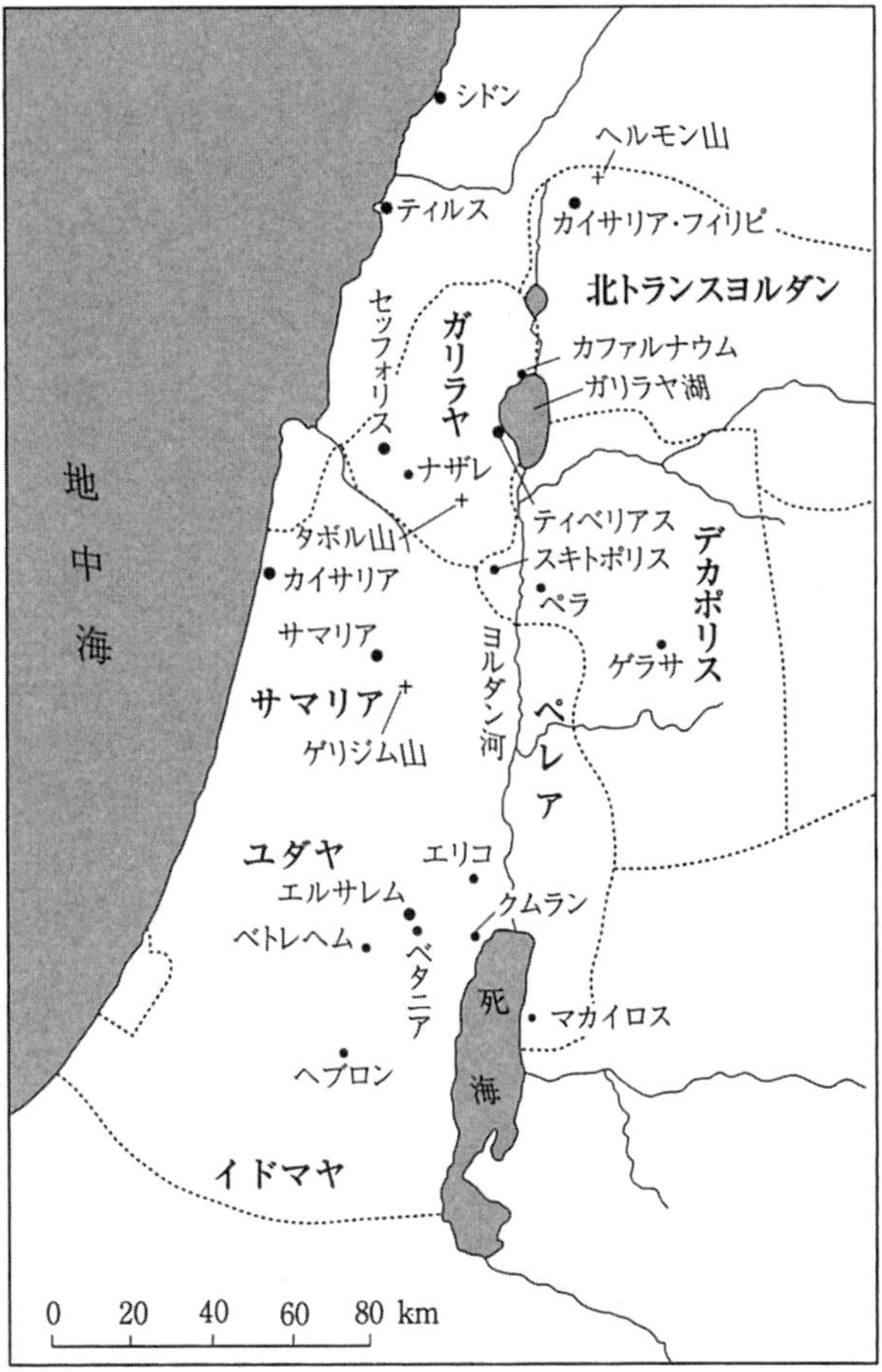

第一章　文学作品における「悲劇的なるもの」

一　「悲劇的なるもの」とは——アリストテレス『詩学』より

一・1　はじめに

「悲劇」とは、狭義に考えれば、何よりも紀元前五世紀の古典ギリシャにおける「ギリシャ悲劇」に端を発した舞台芸術を指すであろう。主にアイスキュロス、ソフォクレス、エウリピデスの三巨匠によって展開されたこの表象芸術形式は、古典ギリシャの時代的・地理的枠を超えて、今なお全世界の人々にその人間知の深奥を開示してくれる。この「悲劇」の伝統は、さらにローマ時代の、とりわけセネカの模倣的悲劇造形に受け継がれ、中世を通しては地下水のように世の裏を流れ、やがて一六世紀英国のシェイクスピアを頂点とするエリザベス朝悲劇、および一七世紀フランスのラシーヌ劇で再度表舞台に現れたように見える。

もっとも私たちは、一般に「悲劇」という言葉をより広義にも使用している。むしろその使い方のほうが頻度が高いとすら言えよう。以下において原始キリスト教を対象にする場合も、厳密な意

アテナイのディオニュソス劇場跡／元来は紀元前500年頃にさかのぼる。

味での舞台作品などは原始キリスト教において皆無であるわけだから、「悲劇」を狭義の観点からのみ定義するならば問題自体が提起され得ないことになろう。この点からも、これからの叙述では、「悲劇的なるもの」ないしは「悲劇性」という、一種の最大公約数的な一般化を行い、その視点から対象に迫っていくという試みにならざるを得ない。

議論を展開する上で最適の素材と思われるものは、やはり古典的なアリストテレスの『詩学』(Poetica)における悲劇論であろう。この作品は、紀元前四世紀後半に生きた哲学者が、今や終焉した古典ギリシャの世界を振り返りつつ、文芸創作に関して方法論的に反省を加えたものである。したがって、単に悲劇のみが考察の対象になっていたのではなく、喜劇に関しても論じられていたらしいが、残念ながら現在残っているのは悲劇や叙事詩の創作論の部分のみである。加えて、これはアリストテレスの一種の講義録のようなものであって、まだ細部にわたる詰めがなされていない草稿的性格の作品である。そのため、それと向き合う私たち読者も、ある程度の吟味的姿勢を崩さずに対話することが要請される。必要ならば私たち自身の想定や判断をも大胆に読み足す用意をもって、『詩学』をひもといてみよう。

一・2　アリストテレス『詩学』

アリストテレスによれば、ギリシャ悲劇に必須の構成要素には六個ある。まず㈠筋（mȳthos）、次に㈡性格（ēthos）、そして㈢思想（dianoia）、更には㈣措辞・語法（lexis）、㈤視覚（opsis）、加えて㈥音楽（melopoiia）である（6:9/1450a〔前者はロエブ文庫版の章節、後者はいわゆるベッカー版の頁数を示す〕）。アリストテレスの理解では、これら六点は事柄の重要度に沿って並べられたものである。これらのうち、後半の三点を見てみよう。「㈤視覚」は舞台芸術特有の要素であり、それに「㈥音楽」を加えたものは、近現代のオペラやミュージカル、加えて日本の能などを除けば、文字通りギリシャ悲劇に特有なものである。アリストテレス自身、最後のこれら二つを除けば、叙事詩と悲劇の区別はなくなると言っている（24:2/1450b）。また、「㈣措辞・語法」はとりわけギリシャ語韻文・散文の文体の議論である。そうすると、以上後半の三点を除いた残り、すなわち前半の三点——「㈠筋」、「㈡性格」、「㈢思想」——が、狭義の「ギリシャ悲劇」を超えて、「悲劇的なるもの」一般の最大公約数的要素として抽出されるであろう。実際、アリストテレスによっても、これら冒頭の三点が、「悲劇」の枢要な三要素を構成するのである。その中でも最も重要なものが、最初の「筋」である。

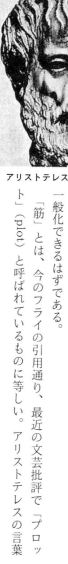

一・2・(1)　「筋」

ギリシャ悲劇がまさに「悲劇的」である所以も、主としてこの「筋」の中にあると言えよう。「悲劇的効果の源泉は、アリストテレスが指摘するように、悲劇的なミュトス、つまりプロットの構造の中に捜し求めなければならないだろう」と、フライ（Northrop Frye）が言う通りである（『批評の解剖』二八六頁）。同時に、「筋」と言われるものは、決してギリシャ悲劇特有のものではなく、ほとんどあらゆる文芸作品が有する要素であることを考えれば、「筋」を性格づける基本的諸要素は、「悲劇的な」文学作品の属性として一般化できるはずである。

アリストテレス

「筋」とは、今のフライの引用通り、最近の文芸批評で「プロット」（plot）と呼ばれているものに等しい。アリストテレスの言葉で言えば「諸々の出来事の組立て」(6:2/1449b) のことであり、これこそ悲劇の「目的」(telos)(6:3/1449b)、「第一原理」(archē) であり、魂 (psȳchē) である」(6:19/1450a)。悲劇の筋とは、

「完結した一つの全体として、一定の大きさを持った行為の再現である。……『全体』とは、始めと中間と終りを持つところのものである」(7:2/1450b)。

要するに、中途半端ではなく、行くところまで行った物語でなければならないのである。更には、

「〔悲劇において〕再現されるのは、完結した行為だけではなく、恐れと痛みとを喚起するような出来事でもあるべきであって、そういう効果が最大となるのは、出来事が思いもかけぬ仕方で、しかし互いに密接に関係し合った仕方で生じるときである。……実際、偶然に起こったことですら、そこに何ものかの意志が働いたせいであるように見える場合、最も人を驚かすものとなるからである」(9:11–12/1452a)。

そして筋は、「単一的なもの」(haplos) と「複合的なもの」(peplegmenos) に分けられる。

「私が『単一的な』行為と言うところのものは、ある行為が……連続性と統一性を保ちながら、主人公の運命の変化が『逆転』や『認知』なしに推移していく場合のことである。これに対して、『複合的な』行為とは、その行為のゆえに、主人公の『認知』か『逆転』のどちらか、ないしはその両方を伴って生じる場合のことである」(10:1-3/1452a)。

そして、これら二者のうちでも――

「最も優れた悲劇の筋構成は、『単一的な』それではなく、『複合的な』それでなければならない」(13:2/1452b)。

二・2・(2) 筋の要素(一)――「逆転」

それでは「逆転」と「認知」とは何か。まず、前者から見て行こう。

「『逆転』(peripeteia)とは、……劇中の状況が正反対の方向へ転換することである。そしてこのことはまた、われわれが言うように、もっともな成り行きとして(kata to eikos)、ないしは必然的なこととして(anankaion)生じるのでなければならない」(11:1/1452a)。

したがって、単に偶発的な出来事は十分に「悲劇的」にはなり得ないのである。だからこそ、悲劇的物語においては、このような必然性が運命の神（モイラ／フォルトナ）その他の超越的主体の仕業ともされるのである（シェイクスピアの「魔女」や「幽霊」もこの範疇《はんちゅう》に属する）。更には、

「筋が成功するためには、……主人公の運命の推移は、不幸から幸福になるのではなく、逆に幸福から不幸になるべきである」（13:6/1453a）。

換言すれば、不可解な必然力で引き起こされる、運命の暗転が必須の要素なのである。

ただし、この際アリストテレスは一つ問題のある発言をする。そもそも幸福から不幸への逆転は、悲劇においては主人公自らの「悪徳や邪悪さのためではなく、ある過誤（hamartia）のため」（13:5/1453a）に生じなければならないと言うのである。だがこれでは、先ほどの「もっともな成り行き」ないしは「必然的なこと」として事が生じるということと矛盾しはしないであろうか。つまり、不可避的な事の運びとしてではなく、登場人物の責任の問題として把握されることにならないのであろうか。

この点は次のように理解できる。まず、アリストテレスはこの「過誤」という言葉を、倫理・道

徳的には理解していない。それは「判断上の誤り、的外れな判断」という認識行動上のことである。それでは、何が「誤りでない判断」、「的を得た判断」だったというのであろうか。おそらく単純に、運命の暗転を招くことのなかったであろうような判断であろう。つまり、オイディプスならば、父であるライオス王を殺さないような、母であるイオカステーを娶らないような「判断」であって、事実上認識し得るはずもなかった空想的可能性でしかない。したがってこうした「過誤」とは、大部分結果的にしか、そうとは知り得ないものと言える。後から顧みて、「あのとき、あのようにさえしなかったら……」ということである。判断の瞬間においては、それが極めて自然であり、正しく、あるいはその状況ないし人物の性格からして当然ないし不可避だったのである。つまり判断の「過誤」自体が、「もっともな成り行き」ないしは「必然的なこと」として運んでしまったのである。したがって、この「過誤」に対するアリストテレスの発言を、それ以前の言表と本質的に矛盾すると解する必要はない。

三・2・(3)　筋の要素(二)――「認知」

「さて、『認知』（anagnōrisis）というのは、まさに読んで字の如く、何も知らないでいることから何かを知ることへ移行することであり、それによって愛情または敵意へと心情が転換することであって、それは幸福になったり不幸になったりするように運命づけられた

『オイディプス王』の作者
ソフォクレス

人々たちの間で行われるものである。最も優れた『認知』とは、『逆転』と共に生ずるそれであって、『オイディプス王』の中での『認知』などがそうである」（11：4−5／1452a）。

ここでは例を引くのが最もわかりやすいであろう。今挙げられたオイディプス王が、自分の出生の秘密を探求していった先、その罪の深淵を認知した瞬間の言葉である――

「ああ、すべてがあやまたず成就したではないか。
生まれてはならぬ人から生まれ、交わってはならぬ人と交わり、殺してはならぬ人を殺したと知れたこの男には、
日の光よ、おまえを見るのも、これが最後となるように！」（1185　岡道男訳）

また、万人周知の場面を後の時代から一つ挙げれば、シェイクスピアの『ジュリアス・シーザー』

における、末期のシーザーの叫びがある――

「ブルータス、おまえもか？・(Et tu, Brute?)」
（三幕一場）

アリストテレスは、この「認知」が「人間ではないもの（apsy̌cha）、事物、それも偶然の事物を対象としてなされることもある」（11:6/1452a）と言う。「人間」を対象にしようと「人間ではないもの」を対象にしようと、あるいはその双方が絡み合っていようと、この「認知」の要素は結局のところ、人物自身が自己の運命の姿を発見することと言い換えることができる。自分の運命の姿とは、この場合その滅びの姿そのものである。換言すれば、従前の自己の決定的崩壊の認知なのである。

注　したがって、こうした「認知」ができな

『カエサル（シーザー）の死』／カムシチーニ作（1793）　ナポリ　カーポディモンテ国立美術館

い乳児のような存在や、「認知」する暇もなくこの世を去った存在は、アリストテレス的に考えれば悲しげな存在ではあっても、十分に悲劇的存在ではないということになる。この「認知」要素の強調が、ことによると東洋的「悲劇」のあり方との若干の差違を生むのかも知れない。もっとも、この点を現在詳しく論じることはできない。

一・2・(4) 筋の要素(三)――「苦難」

以上の二要素に加えて、第三の要素として「苦難」がある。

「『苦難』（pathos）というのは、その人が身を破滅させたり苦しんだりする行為のことであって、無惨な死、烈しい苦痛、負傷、およびこの類の事柄である」（11:10/1452b）。

ここでは、とりわけ肉体的苦痛が問題であるかのような印象を与えるが、現実の「苦難」はより広く、精神的次元を当然含むであろう。したがってアリストテレスを好意的に解釈すれば、彼が最後に言う「この類の事柄」に、上記のような「認知」に伴う精神的・心的苦悩をも含むと理解すべきであろう。「発見（anagnōrisis）は受苦（suffering）を含んでいる。発見によって受苦は、その究極の精神的意味合いにおいて、まったき存在となる」（リーチ、『悲劇』、一〇四頁）からである。

注　北森嘉蔵『神の痛みの神学』は、この「苦難」のあり方に西洋的悲劇と日本的悲劇の根本的差を見ている。つまり、日本的悲劇の場合は、「つらさ」、すなわち心の「痛み」がその根本性格であり、これは西洋的悲劇には存在しない。「シェイクスピアの悲劇には苦しさや悲しさはあっても、つらさはない。……日本悲劇の根本たる『つらさ』は、他者を愛して生かすために、自己を苦しめ死なしめ、もしくは自己の愛する子を苦しめ死なしめるという点において、実現する」（『神の痛みの神学』二〇八頁、傍点北森）。しかし、日本の悲劇におけるある種の傾向を語ることはできても、それを西洋悲劇から峻別することができるかどうか、私には疑わしい。「つらさ」という苦難のあり方に関しては、程度問題である（シェイクスピア『リア王』の中でも、父に対するコーディリアのあり方などは、「つらさ」を充分表している）。

一・2・(5)「性格」

以上が悲劇にとって最も重要な「筋」の三要素であるが、ここでアリストテレスが第二に重要であると指摘し、かつやや詳しく論じている「性格」(ēthos) について述べておく。

「性格」とは、「その人物が行う意図的選択 (proairesis) がどんなものであるかを示すところの要素」(6:24/1450b) と定義されている。「行為」の「再現」(mīmēsis) であるドラマにとって、この「意図的選択」すなわち「決断」のモチーフがいかに重要であるかは、容易に見て取れよう。この「選択」が優れたものであるためには、「性格」自体が優れたものでなければならない。すなわち、悲劇の人物は優れた人間、より明確には、われわれよりも優れた人間でなければならない（2:7;13:6;15:1.11/1448a,1453a,1454a–b）。しかしながら、ここでアリストテレスは一つの限界を設定する。悲劇の人物は、私たちより優れた人物であるとしても、「徳と正義において極端に優れた人物であってはならない」（13:2/1452b）というのである。その理由は、そのような人物がゆえなく幸福から不幸に転ずるとしたら、それは「恐ろしくもなく心を痛ましめることもなく、ただ忌まわしい（miaron）だけのことだからである」（13:2/1452b）。

私の考えでは、ここでの問題はその人物の「徳性」の高さ自体にあるというよりは、観客の方でその人物の運命と自己同一化ができるかどうかということである。逆に言えば、観客の方で、登場人物と感情的に自己同一化できる理由があれば、つまり、「ただ忌まわしいだけ」とは言えず、「恐ろしく」かつ「心を痛ましめる」事情があれば、「徳性」の高さ・低さが直接問題にはならずとも、「悲劇」が発生すると解すべきであろう。

注　第三の要素の「思想」（dianoia）に関しては、アリストテレスは意図された効果を生むための言葉ないし行為の力であると説明するにとどまっている（6:25;19:1–6/1450b,1456a–b）。そしてなお、彼の『修辞学』を参照せよ、と言うだけで（19:2/1456a）、『詩学』ではあまり展開せず、すぐに技術的な「措辞・語法」の考察に移っている。したがって、ここで詳しく論究することはしないでおく。

一・2・(6)「カサルシス」

さて、以上のような要素を内包する「悲劇」を一言で定義すれば——

「一定の長さをもって完結している崇高な行為の再現（mīmēsis）であり、……心痛（eleos）と恐怖（phobos）によって、その類の苦しみ（pathēmata）のカサルシス（katharsis）を達成せんとするものである」（6:2/1449b）。

この定義文においてまず注目されるのは、悲劇が「心痛と恐怖」を引き起こすものと言われていることである。双方とも、何よりも主人公（ないし主人公たち——以下同様）の運命の暗転に対して生ずるものであり、主人公と根本的に共鳴する心的次元を想定していることから来る。

これを宗教心理学の範疇から説明すれば、オットー（Rudolf Otto）の古典的な作品『聖なるもの』（Das Heilige, 1917）の概念が有効であろう。彼は超越的なるものの非合理面を表現するに際し、ラテン語の「ヌーメン」（numen）から「ヌミノーゼ」（das Numinose）という言葉を創出した。そしてこの「ヌミノーゼ」は根本的に合理性を超えた「秘義」（mysterium）であり、その内実は「戦慄をもよおす」もの（mysterium tremendum）と「魅する」もの（mysterium fascinans）の両極の併存であるとしている。つまり非合理的な恐れを引き起こし、突き放す要素と、逆に魅惑し、惹き付ける要素の両極性（ambivalence）である。これを今のアリストテレスの悲劇論に適用すれば、悲劇の与える「恐怖」は「戦慄をもよおす秘義」、「心痛」は「魅する秘義」に相当ないしは隣接するであろう。つまり悲劇とは、一つの「ヌミノーゼ」との遭遇現象ととらえることができるのである。

次に問題となるのは、ここではひとまず訳さずにおいた語「カサルシス」（あるいは「カタルシス」と発音）の意である。この理解は重要であると同時に、多くの問題をはらんでいる。ここにおけるこの語の解釈には大きく分けて、劇の事件・行為の浄化ないし解決ととるものと、観客側の心理的状況ととるものの二種の解釈方向がある。私は、テクストに「心痛と恐怖」とあるからには、何らかの意味で観客の状態が問題になっている、と解するのが最も自然であると思う。もっともこの方向にも二つの傾向があって、いわば医学的に、鬱積した感情を放逐する、ないしは瀉出して、感情的均衡を再獲得するととるものと、道徳的宗教的に、感情を浄化する、ととるものとがある（今道友信『アリストテレス全集XVII』一四六〜一四七頁のまとめは有益）。その際多くの学者は、同じアリストテレスの『政治学』8巻（1341b–42a）における、音楽についての「カサルシス」の用法を参照する。

「……二、三の霊魂に関して強烈に起こる感情は凡ての霊魂にも起こる、しかしそれには多少の差異がある――例えば心痛（eleos）や恐怖がさらに熱狂がそうである。というのはこの感動によって捕らわれ易い人々があるからであるが、この人々は霊魂を興奮させる節を用いるときは、その宗教的な節の結果として、ちょうど医療、すなわちカタルシスを受けた者のように、正常に復するのを見るのである。だからこれと同一のことを、憐み深い人々や恐がりやすい人々、一般的に言って、感情的な人々は、しかしその他の人々もそれぞれの者にそのような感情がいくらかでも襲ってくる限り、経験するに違いない、したがって凡ての人々にも、いわば、カタルシスが行なわれ、心は軽くなって快さを味わうに違いない……」（山本光雄訳、なお「カタルシス」を訳者は「浄め」と訳すが、今のところ便宜上原語のままにしておく。傍点は佐藤）。

ここから見る限り、カタルシスの語は「瀉出」と訳すほうが適していよう。しかし、それでは悲劇とは心痛と恐怖およびその類の苦しみの感情を追い出して人を平静な精神状態に戻すことのみを目指すものであろうか、という疑問が生じる。そこで他の学者たちは、カタルシスの語を「道徳的浄化」ととり、「その類の苦悩の感情の『浄化』」が悲劇のなせる業であるとするのである。ただし問題は、このようなカサルシスの語の用法がアリストテレスの他の作品にうかがえない点である。他方、竹内敏雄はその著『アリストテレスの芸術理論』の中で、この「カサルシス」をアリストテレス自身の用法としては「類似療法的瀉出」であるととりながらも、アリストテレスの言う「ミメーシス」（「再現」「模倣的描写」）の芸術的本質からして、たとえアリストテレス自身が直接意識していなくとも、「カサルシス」がより深い意味で、「単なる個人的単一的感情からより普遍的な、より人間的意義のゆたかな感情にまで高揚され純化される」（三五四頁）ことを示す可能性を想定している（三〇三頁以下、三五一頁以下も参照）。

私も形式的には前者の「瀉出」論に従いたいが、それは決して医学的・即物的次元にとどまるものではないと思う。つまり、「心痛」と「恐怖」、およびそれに類する苦悩感情が典型的に「瀉出」されたらどうなるか。ここで、シェイクスピア学者として有名なリーチ（Clifford Leech）が次のような文章を記していることに注目したい。これは、ある見事なシェイクスピア劇の上演を観た直後の有り様を筆にしたものである。

「われわれははたして恐怖を感じて立ち去るのだろうか。むしろおよそ感情というものをすっかり奪い去られたと感じて立ち去るのではないだろうか。わたしはストラットフォード・アポン・エイヴォンでのあの『リア』の公演を同僚の一人と観たときのことを覚えている。劇場帰りに夜の大気のなかを散歩するのがわれわれの習わしになっていて、このときもわたしはいつもの散歩を提唱した。『うん、散歩をね』と彼は言った。『だがしゃべる気はしない。』むろん彼の言うとおりだった。われわれはその夜数マイルも歩いたが、一切口はきかなかった。この公演はギールグッド（Sir Arthur John Gielgud）がリアを演じていて、おそらくは世界最大の悲劇とも思えるこの劇を、十二分の出来ばえで演じたものだった。われわれは感情から解き放たれたとも覚えず、恐怖を抱いたというのでもなく、また武器を取って立ち上がろうという気にされたわけでもなかった。われわれの状態はいぜん緊張の持続した状態であり、何とか再適応の方向を見つける必要を感じながらも、具体的な方策がまったく掴めないという状態であった。『これが世の常である』などと言って見ても、ここでわれわれが体験した種類の認識を表現するには充分ではない。むしろ言うとすれば『これがわれわれの直面しなければならないことなのだ、しかしわれわれはどうしたらよいのか、そのすべを知らず、またそれを示してくれないか

シェイクスピア『リア王』より

らといって作者に抗議するわけにもいかない』といった気持ちである。……彼〔＝リア〕の死はわれわれの死の、その狂気はときにわれわれも身に覚えのある乱心の、そしてまた彼のコーディリアに対する拒絶は幾たびかわれわれも行ってきた拒絶行為の象徴でもある。われわれが特に恐怖を抱かないのは、こうしたことをすべて、自分たちが生まれながらに持つ状況の一部として見ているからであり、またそこには一種の見事さがあり、われわれを力づけてくれるようなものさえあると感じるからにほかならないのである。だがこの力づけは、（少なくともほんのしばらくのあいだ）われわれが味わうことになる高められた認識の状態と共存する。いや、ことによると、それは単にしばらくのあいだのことだけではないのかも知れない――『リア』との完全な出会いは、自分を知り、世界を知る上で、大きな一歩を踏み出したことにほかならないからである」（リーチ『悲劇』七八～七九頁、傍点は佐藤）。

ここには偶然にも、悲劇的なるものがカタルシス効果として人に与える重大な要素が三つ、同時に語られているように私には思われる。キーワードで言えば、衝撃、認識、勇気、の三つである（本文中の傍点部分参照）。

a　衝撃

見事な悲劇を観た者は、その瞬間、ヌミノーゼ的次元の「心痛と恐怖」を通して、それらの二感情のみならず、もろもろの感情、そしてひいては言語表現の可能性まで奪われてしまう。茫然自失させる衝撃を体験するのであり、事態の凄絶さに理性が白紙化してしまうのである。「もろもろの〔苦しみの〕感情の瀉出」ということが本来意味することは、こうした事態であるととらえたい。

もちろん、悲劇を観た者の全員が、このような規模と深さの衝撃体験に至るというわけではない。これはむしろそのはなはだしい例、ないしは理想的・理念的（ideal）なケースだと言われるかも知れない。それはその通りである。しかし、悲劇に遭遇した衝撃というものがこのような極点に至るヴェクトルを内包していることを、先のリーチの文章は示している。アリストテレスが「カタルシス」と言ったとき、はたして彼がこのようなものを明瞭に意図したかどうか確かにはわからない。しかし少なくとも、彼が指示している「瀉出現象」の力学とは、このような傾斜性を備えたものであると思われるのである。

b　認識

この衝撃体験を通った者は、その後世界を認識する視点が変化する。従来の世界と自己とのヴィジョンが、修正されるか、極端な場合は崩壊し、一変する。すぐれた悲劇を観た者は、ドラマ化したヌミノーゼ体験を得たと解し得るが、これがある言辞を超えた根源的なものを認識させるのである。それは、論理による結論や、知性による観察というよりも、一つの直観知である。ヤスパース（Karl Jaspers）の言葉で言えば、「悲劇的なものの背後にまで突き抜けて、語られてもおらず語られることもできない根基」（『悲劇論』一〇三頁）を直観するのである。この点は、アリストテレスには詳論した箇所がなく、私の勝手な主観的解釈ととられるかも知れない。しかし、観客の衝撃体験から導出され得るものは、先のリーチの文章にもあるように、明らかにこうした質をもったある根源認識なのである。

この「直観認識されたもの」は、必ず一つの表現や概念規定になるというものではない。言語表現をとるとしても、様々な形になり得る。また直観されたものが内容的にすべて同方向・同質のものであるということもない。むしろ各々の悲劇的作品ごとに違うであろうし、また各々の観察者によっても異なるとするほうが正しい。この点で、私たちのような論述においては——すでに序文において断ったように——単に一般形式的な叙述しかできず、個々の内容的次元では語れない点が残念である。個々の内容は、各々の作品の持つ性格とその受容者のあり方に依存するものである。にもかかわらず、表層レベルの現実認識を破る、その背後の、根源的な事実が直観的に見て取られたとされる点に、悲劇的認識の特徴がある。

c　生への勇気

こうした衝撃体験とそれを通しての認識は、単に生に対する絶望のみを生み出すかというと、実は必ずしもそうではない。多くの場合むしろ逆に、生きていく力を与えるのである。ティリッヒ（Paul Tillich）の言う、「存在への勇気」（courage to be）とでも呼び得るものが与えられる。これは一つの逆説であって、なぜそういうことがあり得るのかよくはわからない。このことは、「カサルシス」が今述べたように強烈な「衝撃」にまで至らない場合でも、何らかの程度で生起するものと思われる。要するに、悲劇的なるものの体験は、同時に悲劇そのものを、その只中で越えさすような力を秘めているように思われるのである。ここに悲劇の最も深い意義が存するであろう。この点に関して、ギリシャ悲劇に関するタップリン（Oliver Taplin）の以下の言葉は示唆に富む――

「ギリシア悲劇は根源的な恐ろしい出来事に正面から取り組むことによって、最も戦慄すべきこと、二十世紀末の様々な恐ろしい事柄にさえいかにして立ち向かい得るのか、そしておそらくはそれをいかにして乗り切ることができるのかを示していると思う。劇場においてわれわれは目をそらさずに凝視し耳をふさがずに聞いているだけではない。われわれは苦難を身に受けた者たちが自らの恐ろしい体験を表現すること、そしてわれわれも彼らの苦悩を共有することを事実求めているのだ。

劇の終わりにわれわれは自分が苦難を乗り切ったことに気づく。紀元後二十世紀に生きるわれわれは、紀元前五世紀のアテーナイ人と同様に劇場から立ち去り日常生活へと戻る。悲劇を通して得た経験を自分の一部分にして生活に戻っていくのである。われわれの時代にとってギリシア悲劇の持つ特別な意義は苦難を乗り切る経験にあると言えるのではないだろうか」（タップリン「ギリシア悲劇の普遍性」〔佐野好則訳〕、『ギリシア悲劇全集Ⅲ』月報3、三頁）。

ここまで想定して初めて、アリストテレスがその瀉出現象を「悲劇固有の悦び」と言い換えていることが納得できる。なぜなら、悲劇に出会った衝撃で逆に力を与えられるに至った者は、その事態をあえて「悦び」と呼ぶことも可能だろうからである。

「悲劇に求むべき『悦び』（hēdonē）とは、どのような悦びでもよいと言うわけではなく、悲劇固有のそれでなければならない。悲劇詩人とは、『ミメーシス』（再現）を通して、心痛と恐怖ゆえの悦びをこそ創出せねばならないからである」（14：4b-5/1453b　傍点佐藤）。

事実、この「力」が与えられるからこそ、かえって逆に不条理な現実を見据え、それと対峙することも可能となるのであろう。古代ギリシャ人があのような凄惨な作品を愛し続けたことの背後には、このような悲劇的逆説への直観が働いており、それを通して彼らは理不尽な生に対してなお勇気が与えられ得ることを確認していたのではないだろうか。この悲劇力の中に、「人間を超えるもの」が「人間」に臨む本来的な姿があると認めていたのではないだろうか。ここにギリシャ悲劇の秘義が潜んでおり、だからこそギリシャ悲劇は、そもそもの濫觴からして、神ディオニュソスへの宗教的献納物であり得たのではないだろうか（川島重成『ギリシア悲劇』参照）。

一・3 文芸批評的観点から

私たちは、「恐怖と心痛」および「カサルシス」とは観客ないし悲劇を享受する側の事柄であるとする解釈を採用した。この解釈方向が正しければ、アリストテレスの上記の定義文には、最近文学批評で言うところの「受容理論」的観点（富原芳彰〔編〕『文学の受容』、岡本靖正他〔編〕『現代の批評理論1・物語と受容の理論』参照）が始めから組み込まれていたということである。言葉を換えれば、アリストテレスにとって「悲劇的なるもの」とは、単に「筋」の特徴――「逆転」「認知」「苦難」――を筆頭にした構成的側面からのみ定義できるものではなく、その作品が観客にどのように受容され、観客にどのような効用をおよぼすか、という関係論的側面も考慮に入れて初めて十全なものとなるということである。すなわち悲劇とは、基本的にそれを「心痛と恐怖」をもって「受容」することによって、いわば間接的にそれに参与する者との関係で初めて成立するということである。

これを観客の側から表現すれば、悲劇には、その登場人物と自己同一化する可能性が開かれているということである。悲劇の観客は、「おのれにとって単にあり得べきことをば、はやそれが現実的であるかのように経験するのである。私自身が悲劇に描き出された人々のうちにいる。苦悩の中から私に向かって、『これはお前だぞ』と語る声がする」（ヤスパース『悲劇論』八二頁）のである。悲劇の中には「私が私自身として参加し、作品の描写の中に現れる知を、私にかかわりあるものとして私の知にするということが、本質的に重要な点である」（同、一〇〇頁）。逆に言えば、自分の見ているものを「悲劇」と認める観客は、そのドラマに対する根本的な無関心を維持することができない。第三人称的距離を確保できない。ここに生起するのは単なる「異化」（Verfremdung）現象ではなく、異化現象をも呑み込んだ「同化」現象である。この点は、悲劇的舞台芸術が成立するための必要不可欠な条件である。

もっとも、以上述べたことは、悲劇的作品の内的論理の傾斜がこうであるというのであって、現実に観客や読者が「悲劇的」とされる作品に出会うと、全員自動的に「瀉出状況」に至る、というものでは勿論ない。すでに示唆したように、現実の反応は千差万別であり、同方向でもニュアンスは種々雑多であり得る。ここでわれわれが語った「観客」や「読者」とは、文芸批評とりわけ――

最近の新約研究で盛んになった——「物語批評」(narrative criticism)において、「含意された読者」(implied reader)と言われるものに近似する。つまり、作品内部から浮上する理念的観客ないし想定される読者の像である。したがって、どこそこの現実の読者ないし観客がどのような具体的な反応を示したか、とは必ずしも一致するとは限らないのである。

注　ギリシャ悲劇の場合は、こうした「含意された観客」が多くの場合「コロス」(合唱隊)の役として劇自体の中に統合されている。また、シェイクスピアの場合なら、コロスは登場しないが、ある登場人物がその役を果たす場合がある(『ハムレット』におけるホレイシオーさらにはフォーティンブラス、『リア王』におけるエドガーなど)。とにかく、悲劇的作品がこうした「含意された観客／読者」との交渉のうちに成立するということは、意義深いことである。

二　悲劇的文学作品の定義

それでは、以上述べたことをふまえ、アリストテレスの理論を拡大応用しつつ、悲劇的な文学作品一般を定義づけてみよう。

a　構成論的要素

主人公の運命の「逆転」、主人公によるその「認知」、そしてそれに伴う主人公の「苦難」という要素をその筋構成の中核に持つ、一個の完結した作品。

b　受容論的要素

読者／観客が、主人公に基本的に共鳴することにより、「恐怖」と「心痛」を主とする衝撃とそれゆえの認識に遭遇し、そこからむしろ生への新たな勇気に至り得るような作品。

私たちはこのような性格とヴィジョンの作品を悲劇的文学作品と呼ぶことにする。再度ことわっておけば、これは「ギリシャ悲劇」にとどまらない。さらには舞台作品にもとどまらない。他の悲劇的様相の文学作品一般にも妥当するとみなし得るものである。ということは、私の予想するところでは、「悲劇的なるもの」の文学的発現とその受容には、さまざまな時代と文化とを通底する人間学的な基底が存在するということである。

それでは以上のような想定のもと、目を原始キリスト教に転じてみよう。ここにおいてそのような「悲劇的」文学が存在したであろうか。

第二章　原始キリスト教における悲劇的文学の造形

一　マルコ福音書

今われわれが手にしている原始キリスト教の文書で、「悲劇的」な要素を最も強く持つものは、私の見る限り「マルコによる福音書」（略して「マルコ福音書」）である。

注　「マルコ福音書」は、新約聖書冒頭の四つの福音書中第二番目の作品であるが、歴史的には最も古く成立した福音書である。その年代は、私の想定では「ユダヤ戦争」（紀元六六〜七〇年）が終結した後の紀元七〇年代、成立場所はパレスチナ北方の南シリア説が有力である。著者は、伝承においてはペトロの「通訳」であった「マルコ」となっているが、実際は不明である。しかし以下においては、便宜上著者を「マルコ」と呼ぶ。

この福音書がどの様な意味で「悲劇的」なのか、まずその「筋」の構成から検討してみよう。

二・1 「筋」の三要素——「逆転」「認知」「苦難」

二・1・(1) 「逆転」

a イエスの運命の逆転

マルコ福音書の主人公がイエスであることは自明であるので、今イエスの運命から始めよう。そもそもこの福音書は、イエスの運命の逆転を基本的骨格としている作品である。イエスが「神の子」(一1、11、九7、一五34他〔以下漢数字は「章」を、算用数字は「節」を示す〕)あるいは「キリスト」(一1他)である——マルコ福音書においてはこの二つはほぼ同義である——という点は前提にされているが、その「神の子」「キリスト」が当時最も呪わしい十字架刑という処刑方法で殺されるということは、およそ運命の「逆転」の極みであろう。また、物語の構成から見ても、受難の道の始まりを告げる八27—33のカイサリア・フィリピの場面以前には、イエスの印象深い奇蹟——とりわけ治癒奇蹟——の物語がいくつも収められているのに対し、それ以後はそうした奇蹟報告は急速に減少し(九14—29、一〇46—52、それに一一12—14および20—21のみ)、一二章以下では全く姿を消す。先にはあれほどの驚くべき業をなし続けたイエスが、最後には完全な無力さのうちで十字架上に悶死することは、はなはだしい落差をもつ転落である。

レンブラント作『三本の十字架』

「他の者たちを救ったが、自分自身を救うことはできないざまだ。キリスト、イスラエルの王、さあ、十字架から降りてみるがよい。そうすればわれわれも見て信じてやろう」（一五31-32）。

十字架上のイエスに対する、祭司長たちと律法学者たちのこの揶揄《やゆ》の言葉が、その事態を雄弁に語っている。力と聖性の極みから、無力さと穢れの極みへの反転である。

注　十字架刑とは元来、今私たちがややもすれば思い描くような、一種の麗しささすら伴った「十字架」とは縁もゆかりもない代物である。十字架のギリシャ語原語はstaurosというが、これはいわゆる「十」の字の形を意味するものではなく、単に「杭《くい》」の意である。つまり、地上にこの「杭」を立て、その頂点に罪人の両手を束ねてくくりつけ、足はたらしたままにしておくと、ほぼ一時間ぐらいで罪人は自らの体重のゆえに呼吸できなくなり、大部分窒息死するに至る。つまり、古代においては、とりわけ多数の人間を処刑するに際して最も単純で経済的な仕方だったのである。これが後には、罪人の苦しみを少しでも長引かせるために、つまり早急には死ななくするために、この杭の上に「横木」を渡し、横木に罪人の手を広げて縛り付けるかあるいは釘付けし、同時に縦木には、股の下の辺に楔《くさび》を打ち込んで上体を支えるようにしたのである。こうすれば、罪人の力が弱り、体が垂れ下がり気味になっても、そのまま全体重が垂れて窒息する前に、楔が体の落下を防ぐことになるからである。こうして罪人は激しい苦痛のまま一両日、死に果てることなく十字架に付けられて過ごし、とりわけ夜の間は野禽《やきん》の攻撃に晒されもしながら、緩慢な死を待つのである。そして死が来ると、その死体はしばしばそのまま野禽の餌食にされ、骨が顕《あらわ》になった姿で、それ相応の共同墓穴に投げ込まれたのである。

肉体的な苦痛よりも当時の人々にとって恐ろしかったのは、十字架に付けられた者がまともに埋葬されることがなかったという事実である。古代において埋葬されずにいるということは、死の彼方まで惨殺の呪いを引きずっていくことに等しい。いわば永遠に

「浮かばれない」存在にされてしまうということである。イエスの場合、諸福音書の受難物語にも、そして1コリント一五3の短い宣教文にも、イエスが正式に「埋葬」されたことが明言されているが、これは、イエスが今述べたような最後の恥辱の呪いだけは免れたことを明言しているのである。

そもそもイエスの治癒奇蹟は、「らい病」患者や長血の女の話（マルコ一40-45、五25-34）が典型的に示すように、社会的に差別され、その最も周辺部に疎外された「アウトロー」の者たちとイエスが無条件に連帯し、そうした者たちの生活復帰が可能になり、彼らに真のいのちが与えられた姿を描く。また、イエスが「取税人や罪人」と親しく交わったという記事（二15-16）も、同方向を示す。しかしそのイエス自身は、やがて当時最も忌まわしい処刑法である十字架刑に処せられていくことによって、逆に自ら政治的・社会的な「アウトロー」として支配社会の呪詛《じゅそ》の対象となり、いのちを奪われていく。したがってこのイエスの運命の中には、はなはだアイロニカルな「逆転」の相貌がある。

その他、個別的なモチーフにおいても、皮肉な逆転の相を明示しているものがある。例えば「王」のモチーフがあげられよう。イエスはエルサレムに入城するときに、「イスラエルの王」として歓呼のうちに迎えられるが（一一8-11）、後になると「ユダヤ人どもの王」（一五18、26）としてかえって皮肉られ、左右に二人の犯罪者たちを置く形で、すなわち王の即位式を戯画化した様相で磔刑《たっけい》に処されるのである（一五27）。

最近の文学批評的なマルコ研究では、福音書に内在する「アイロニー」についてしばしば言及される（例えば、太田修司「百卒長のアイロニー」参照）。しかし、なぜマルコには「アイロニー」がかくも多いかについては、余り論じられることがないように思える。私たちの論に沿って言えば、「アイロニー」とは、悲劇的筋の「逆転」モチーフの別名に他ならず、マルコ福音書が「アイロニー」に満ちている最大の理由は、それが「悲劇的」内実の作品だからである。

ただしここで一つ問題がある。それは一六1-9の「復活宣言」の場面である。イエスが惨死し、その死体が葬られた後一日半してから、マグダラの女マリヤなどの女弟子たちが朝イエスの墓に行ってみると、彼の死体がなく、天使とおぼしき「若者」がその場でイエスが「起こされた」ことを宣言するのである。ここで受難の「逆転」は「再逆転」され、いわば非悲劇化される。マルコがもし、悲劇的性質の物語を描き切ることを目的にしたのであれば、なぜイエスの死ないしその埋葬の場面で終わらずに、この復活宣言の場面を付加したのかが問われねばならない。

おそらく、その理由は、原始キリスト教の宣教内容（その文章を原語で「ケリュグマ」と言う）に対する、著者マルコの忠義さである（ここで「マルコ」というのは、文芸批評的に正確に言えば「含意された著者」〔implied author〕を指すが、以下においてはそれを歴史の「マルコ」と実質的に等置して話をすすめる）。1コリント一五3-4におけるパウロの証言によれば、最も基本的な「福音」宣言とは、キリストが「死に、葬られ、起こされた」という宣教にある。マルコは『イエス・キリストの福音』の源」(一1)を示そうという福音書冒頭のマニフェストにおいて、このケリュグマ文ないしはそれに相似のものを念頭に置いているものと思われる。それの「源」を呈示するという彼の意図は、一方では、「死」に至り「葬られる」までのイエスの運命を極めて悲劇的な相貌で表現したことの中に見て取れよう。しかしマルコはそこで終わらず、やはりケリュグマに従い、それが最重要とみなすところの、死からの「起こし」すなわちいわゆる「復活」の告知を追加せずにはおれなかったのである。この点でマルコは、しばしば想定される以上に、伝統に忠実なのである。

ただし、ここにおいても、マルコが伝統主義以上の何物も示していないと見ることは当たらない。そもそも、「ある若者」によるこの復活宣言(一六1-8)は、「顕現物語」ではない。この箇所にあるのは、ただ第三者による宣言だけであって、イエス自身が復活して現れては来ないのである。マルコ当時(紀元七〇年代)、イエスの顕現物語が伝承として全く存在しなかったとは信じがたい。事実、彼よりも何年か後に福音書を書いたマタイやルカは、それぞれかなりの規模と量の「顕現物語」を導入している。ということは、マルコは顕現物語をおそらく知ってはいたが、自らの福音書の中にあえて採り上げなかった可能性が存在するのである。つまりマルコは、復活の宣言はするものの、最も重要と考えているのは復活者の顕現の描出ではなく、イエスの十字架の悲劇的去就の活写にあると見ているのであろう。言葉を換えれば、マルコはケリュグマを物語化するにあたり、強烈に「悲劇的」なアクセントを付与し、それに基づく肉付けに徹底したということではないであろうか。

b　直弟子たちの運命の逆転

マルコ福音書において、運命が逆の方向に転ずるのは実はイエスのみではない。直弟子たちの場合も同様である。例えて言えば、彼らの運命は、マルコ福音書という長大なソナタ楽章の第二主題のようなものである。イエスから特別に期待をかけられ、彼の任務を一緒に担うように選ばれた者たち（三14-15）が、一転して裏切り者の姿に堕していくのである。これは、一四章以下の受難物語より前の時点でも、有名な「弟子の無理解」という動機の度重なる出現で示唆されていたことではあるが、受難物語を通して如実に現実となる。十二弟子の全員は死に至るまで信従することを誓うが（一四31）、まず、ゲツセマネの場面になるや最側近の弟子たちがイエスそっちのけで眠りこける。

「そこで彼は、ペトロとヤコブとヨハネとを自分と共に連れていく。するとイエスは、ひどく肝をつぶして、悩み始めた。そして彼らに言う、『私の魂は死ぬほどに悲しい。ここにとどまって、目を覚ましていなさい』。そして少し先に行って大地にひれ伏し、もしできることならこの時が彼から去っていくようにと、祈り始めた。……そして戻って来ると、彼らが眠っているのを見つける。そこでペトロに言う、『シモンよ、眠っているのか。ひと時も目を覚ましてはいられないのか。目を覚ましておれ、そして祈っておれ。試みに陥らないためだ。霊ははやっても、肉が弱いのだ』。そして再び行って、同じ言葉を口にしながら祈った。また再びやって来ると、彼らが眠っているのを見つけた。たしかに、彼らの眼は重く垂れ下がっていた。そして彼らは、何と彼に答えたらよいか、わからなかった。そこで彼は、三度目にやって来て、彼らに言う、『なお眠っているのか、また休んでいるのか。事は決した。時は来た。見よ、人の子は罪人らの手に渡される』」（一四33-41）。

そして間もなくイエスが逮捕される場面では、すべての弟子たちが集団的恐慌を起こす――

「すると全員が、彼を見捨てて逃げていった」（一四50）。

その彼らの実体を何よりも象徴的に露呈するのは、彼らの筆頭者ペトロが三度にわたって「イエスなど知らない」とうそぶいた挿話である。

「さて、ペトロが下の中庭にいると、大祭司の女中の一人がやって来る。そしてペトロが

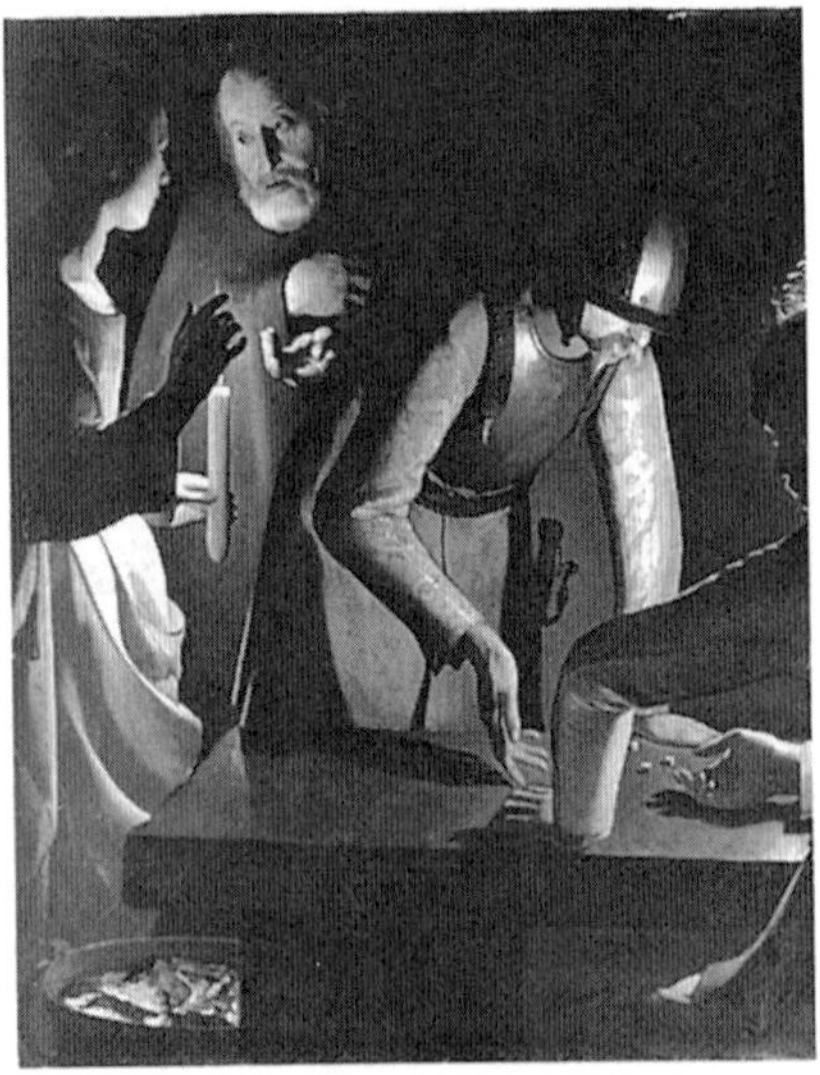

ラ・トゥール作『聖ペトロのキリスト否認』

暖をとっているのを見、彼をしげしげと眺めて言う、『お前さんも、あのナザレ人イエスと一緒だったね』。しかし彼はそれを否定して言った、『俺はお前の言っていることなぞ知らないし、わからない』。そして彼は、外の前庭に出ていった。そこで例の女中が彼を見て、かたわらに立っている者たちに再び言い始めた、『この男も彼らの一味なのよ』。しかし彼は再び否定した。そして少し間をおいて、かたわらに立っている者たちがまたペトロに言いだした、『本当にお前はあいつらの一味だ。お前はガリラヤ人だからな』。そこで彼は、嘘ならばこの身は呪われよと誓い始めた、『俺はお前たちの言っているあんな男なぞ知らない』。するとすぐに、鶏が二度目に啼いた。そこでペトロは、『鶏が二度啼く前に、あなたは三度私を否むだろう』、とイエスが彼に語ったときの言葉を思い出した。そして、どっと泣き崩れた」（一四66-72）。

鶏が啼いたあの瞬間、ペトロのみならずその他のすべての弟子たちも、結局はイスカリオテのユダと同一線上に並び、同じ背信の奈落に駆け下っていったのである。

アリストテレスに従えば、最も「戦慄的な、かつ心を痛ましめる印象を与える」(14:6a/1453b)出来事とは、「諸々の苦難（ta pathē）が近親関係の中で（en tais philiais）生ずる時、例えば兄弟が兄弟を、あるいは子が父を、あるいは母が子を、あるいは子が母を殺すとか、殺そうとするとか、それに類したことをする場合であり、そのような場面こそ求められるべきである」(14:9/1453b)と言われる。私たちは、この「近親関係」の範疇《はんちゅう》に師弟の関係をも含ませ、師に対する弟子の裏切りをも、このアリストテレスの発言に沿うものとして考察することができるであろう。要するに、最も密な信頼関係が一転して惨憺《さんたん》たる破滅を惹起《じゃっき》するところに、「悲劇的なるもの」の痛ましさの極みが潜んでいるのであろう。

注　なお、弟子たちとの関係で、マルコ福音書における「群衆（あるいは「民衆」）」の存在が注目されることが多い。つまり群衆は、始めはイエスに対して比較的好意的に接しており、それは無理解な弟子たちと対照的ですらある。しかしながらこの群衆も、とどのつまり、「（イエスを）十字架につけろ」と叫んだ者（一五13-14）として描出されている。ただし、「群衆」はその自己同一性がさほど鮮明ではなく、「筋」の積極的な一主体に成り切れているとは思われない。したがって、目下の考察の対象からは除外するのが妥当であろう。

もっとも、弟子たちの運命の悲劇的逆転においても、イエスの場合と相似の事態が存在する。たしかに弟子たちは反逆の淵に落下していくのだが、例の「復活宣言」の部分でかの「若者」がこう言うのである。

「彼の弟子たちとペトロとに言え、『彼はあなたたちより先にガリラヤへ行く。そこでこそ、あなたたちは彼に出会うであろう』と。彼がかねてあなたたちに語った通りである」（マルコ一六7）。

つまりここでは、イエスが受難以前に語った言葉（マルコ一四28）が再度引用され、その通りに弟子たちは復活のイエスにガリラヤで会えることが約束されている。これは弟子たちの運命の逆転の再逆転で、やはり基本的には「非悲劇化」の傾向を証ししている。これも福音書記者マルコの、原始キリスト教ケリュグマへの忠誠の一端である。つまり、先ほどの1コリント一五3－5は、イエスがペトロや十二弟子に「現れた」ことをその根幹のメッセージに含ませているのであった。マルコ一六7は、この報知に即応し、それを暗示的に示しているのである。

もっともこの際も、他の福音書とマルコが違う点は、後者においてはこの「再会」の場面が福音書の中では決して描かれてはいないことである。つまり、この「再逆転」は、物語の枠を超えて示唆されるところの、将来のある時点での出来事にすぎないのである。目下の強調は、むしろ泣き伏すペトロの生々しい姿にある。つまり、マルコ福音書においては、外枠としてはケリュグマの拘束力に服していながら、内実的には悲劇的相貌の造形に最もアクセントが置かれているのである。

三・1・(2)「認知」

a　イエスの認知

まず問題になるのは、受難物語以前に三度語られる受難復活予告である。

「人の子は、多くの苦しみを受け、長老たちや祭司長たちや律法学者たちから棄てられ、かつ殺され、そして三日後に甦らなければならない」(八31)。

「人の子は人々の手に渡される、そして彼らは彼を殺すだろう、そして彼は殺されて三日後に甦るだろう」(九31)。

「見よ、私たちはエルサレムに上る。すると人の子は祭司長たちや律法学者たちに売り渡される。そして彼らは彼を死をもって断罪し、異邦人たちに引き渡すだろう。そして彼らは彼をなぶりものにし、彼に唾をかけ、彼を鞭打ち、そして殺すだろう。そして三日後に、彼は甦るだろう」(一〇33-34)。

さらに、受難物語の内部で、実際の受難の直前に、次のような受難予告ないし受難復活予告がある。

「そもそも、乞食たちはいつもあなたたちと共におり、あなたたちはいつでも望むときに彼らに尽くしてやることができる。しかし私は、いつまでもあなたたちのもとにいるわけではない」(一四7)。

「たしかに人の子は彼について書いてある通り、去っていく。」(一四21)。

「アーメン、私はあなたたちに言う、私はもはや二度と葡萄《ぶどう》の木からできたものを飲むことはない、神の王国においてそれを新たに飲む、かの日までは」(一四25)。

「あなたたちは、全員が躓《つまず》くことになるだろう。なぜならば、次のように書いてあるからだ、『私は羊飼いを打つであろう、そうすると羊の群は、ちりぢりにされてしまうであろう』。しかし私は自分が起こされた後、あなたたちより先にガリラヤへ行くだろう」（一四27）。

こうした予告の言葉を受難の前に置くことは、悲劇的構成とは逆のものではあるまいか。というのは、「逆転」と同時に語られて初めて悲劇的「認知」としての効果をもつはずの言葉を、「逆転」以前にすでにイエスの口に幾度となく上らせるからである。つまりこれは、悲劇的「認知」の先取りであり、それゆえ全体を非悲劇化する要素であるように思えるのである。これらの言葉のうち、一〇33-34と一四27後半は、一般にマルコの編集的創作と認められていることを思えば、この印象はいっそう強くなる。

しかしながら、マルコ福音書中の文学的効果という視点からすれば、これらの発言もゲッセマネのあの唐突とも言える逡巡と苦悶よりも前に配置されているため、逆にゲッセマネにおける悲劇的な「認知」の相貌をいっそうはなはだしくする作用を生むのである。なぜならば、一般的な感覚からすれば、もしイエスが初めからそれほどまでに自分の受難と復活の運命の必然性を熟知しているなら、なぜ彼はゲッセマネにおいて次のような姿を弟子たちに晒し、この運命の回避を祈り求めるのであろうか。

オリーブ山麓のゲッセマネ教会

「……すると彼は、ひどく肝をつぶして、悩みはじめた。そして彼らに言う、『私の魂は死ぬほどに悲しい。ここにとどまって、目を覚ましていなさい』。そして少し先に行って大地にひれ伏し、もしできることならこのときが彼から去っていくようにと、祈りはじめた。そして言った、『アバ、お父さん、あなたには何でもおできになります。この杯を私から取り除いて下さい……』」（一四33-36）。

文学的に見て、「ゲッセマネ」は果てしなく悲痛な場面である。そのため、一七世紀のキリスト者パスカルは、この場面に彼の宗教感情の源泉である「秘義」（mystère）を見た。また、前述の「ヌミノーゼ」という概念の生みの親である神学者オットー（Rudolf Otto）は、そこに「新約聖書におけるヌミノーゼ」の骨頂を認めた。オットーによれば、ゲツセマネの場面は、「戦慄すべき秘義」の最たる具現の場なのである。

しかしながら、この奈落で受難の必然性がもう一度イエスに浸透し、イエスはその「認知」を再度新たにする。

「しかし私の思いではなく、あなたの思いがなされますことを」（一四36）。

この再「認知」があればこそ、従容《しょうよう》として逮捕されるイエス（一四43-50）、ピラトゥスの前で不思議なまで沈黙するイエス（一五5）、十字架に付けられる寸前に麻酔用の没薬《もつやく》をあえて拒否するイエス（一五23）の姿が見られるのである。どれも、受難に向かう彼の積極的な意志を示すものである。

しかしそれならばますます、最後の絶叫が不可解なものとして浮上する。

「『エロイ、エロイ、レマ、サバクタニ』。これは訳せば、『わが神、わが神、どうして私をお見棄てになったのか』、という意味である」（一五34）。

確かにこの句は、詩篇二二篇の冒頭句であり、当詩篇ではこの句の後間もなくして一種の賛美へと移行する（4-6節）。しかし、引用句自体が絶体絶命の叫びであることは変わらず、ゲツセマネにおける、「あなたの思いがなされますことを」（一四36）という決意の延長線上に期待されるような、透明な敬虔さを湛《たた》えた言葉ではない。ここでは、当初の受難の必然性の予言的「認知」も、さらにそれを超えて深められ、新たにされた、ゲツセマネにおける「再認知」も、ともどももう一度崩壊したように聞こえる。イエスはその死の直前、改めて、今完了する運命の「逆転」の奥底を、真の意味で「認知」したと見えるのである。すなわち、受難物語以前から受難週を通して保たれてきた先取り的なイエスの「認知」は、ゲツセマネを通過するときひとたび屈折し、更にはゴルゴタでの最期に至ってもう一度屈折してその最終点に至ると見られるのである。

もっとも、ここでのイエスの「認知」は、アリストテレスが言うように、「人間と人間との間」でなされたのではない。しかしアリストテレスも、「認知」が「人間ではないもの」（apsycha）を対象としてなされる場合のあることを認めていた。マルコにおけるイエスの場合は、その重要な「認知」句が「アバ、お父さん……」（一四36）であり、「我が神、我が神……」（一五34）であることからわかる通り、それは「人間ではないもの」の中でも極めて意味深長な、「神」との関係でなされているのである。

「認知」に関する限り、マルコ福音書の中では、この「エロイ、エロイ」の句がイエスの最終の声であり、それをもう一度くつがえすイエスの発言はない。同福音書の中には、たとえばルカ福音書の中で復活のイエス自身が、「キリストは必ずやこれらの苦しみを受けてこそ、彼の栄光に入っていくのではなかったのか」（ルカ二四26）などと教え諭す場面は、存在しないのである。

b　弟子たちの認知

ここでは、イエスと弟子たちとの関係における「認知」が問題となる。その意味では、「人間と人間との間」のことであり、アリストテレスの「認知」の定義にごく自然に合致する状況である。

イエスと弟子たちの関係を、まずイエスが弟子たちに対する方向から見れば、そこには不思議にも運命の悲劇的逆転と共に生ずべき「認知」は、何ら存在しないことが見て取れる。イエスは、弟子たちにとって、最後まで師としての同一性を保持しており、また何よりも、彼は弟子たちの躓きと裏切りを事前に熟知しているのである。

「そして彼らが食事の席で横になって食べているとき、イエスは言った、『アーメン、私はあなたたちに言う、あなたたちの一人で、私と一緒に食事をしている者が、私を売り渡すだろう』。彼らは悲しみだして、一人ずつ彼に言いはじめた、『まさか、この私では』。そこで彼は彼らに言った、『十二人の一人で、私と共に鉢の中に〔自分の食物を手で〕浸す者がそれだ。というのも、たしかに人の子は彼について書いてある通り、去っていく。しかし禍い

レオナルド・ダ・ヴィンチ作『最後の晩餐』

だ、人の子を売り渡すその人は。その者にとっては、生まれて来なかった方がましだったろうに』」（一四18-21）。

「あなたたちは、全員が躓くことになるだろう。なぜならば、次のように書いてあるからだ、『私は羊飼いを打つであろう、そうすると羊の群は、ちりぢりにされてしまうであろう』」（一四27）。

「しかしペトロが彼に言った、「皆の者がことごとく躓いたとしても、この私は躓きません」。そこでイエスは彼に言う、『アーメン、私はあなたに言う、あなたは今日、今夜、鶏が二度啼く前に、三度私を否むだろう』。彼はしかし、ひどく力んで言い立てた、『もし私があなたとご一緒に死なねばならないとしても、決してあなたを否んだりは致しません』。ほかの者たちも皆、そのように言い張った」(一四29-31)。

イエスのこれらの予告は的中する。イエスは、弟子たちの運命ないし彼らとの関係の破綻《はたん》を悲劇的な仕方で「認知」するのではなく、事が起こる前から知り抜いているのである。この点では、これは先ほどの受難復活予告と同様、悲劇の非悲劇化を促す要素である。あるいは先ほどの場合以上にそうかも知れない。なぜならば受難復活予告の場合は、それがあるがゆえにかえって逆説的に、最終局面でそれにはまり切らなくなっていくイエスの運命認知が見えるからである。ところが、裏切り・躓き・否認予告の場合は、そのような要素は全くなく、イエスのアプリオリな認知は最後まで絶対なのである。

しかしながら、この方向からの非悲劇化の傾向は、そのまま裏返せば、弟子たちの悲劇性を裏書きしている。イエスの断言を背景に、弟子たちの崩れがいっそう鮮明に浮き彫りにされる。したがって、イエスの予告の言葉は、弟子たちにとっては例えば『オイディプス王』中のアポロンの神託の言葉になぞらえることができよう。オイディプスが、その恐ろしく、あり得べからざる神託を全力を挙げて否定し、それを回避しようとすればするほど、いつしか不可抗力的に悲劇の只中に踏み込んでいったように、イエスの弟子たちも、師の宣告を不可能なものとして受け合い、意気込んで信従を誓えば誓うほど、いっそう救いがたい背信の淵へ不可避的に転げ落ちていくのである。

したがって、弟子たちの側からイエスに対する方向を観察すれば、確かに悲劇的逆転に伴う「認知」が成立しているのである。そのことを最も端的に示すのが、あのペトロの否認エピソードである。

「……彼は呪いだし、誓いながら言った、『君たちの言う男を私は知らないし、理解もできない』。そして彼は前庭に出ていった。すると鶏が二度目に啼いた。そこでペトロは、『鶏が二度啼く前に、お前は私を三度否むであろう』、とイエスが彼に語った言葉を思い出した。そして彼は、どっと泣き崩れた」（一四71－72）。

結局のところ、ペトロのこの泣き声が、彼の、そして弟子全体の、「認知」の極みであると言えよう。

注　一つ注記しておきたい。それはマルコ福音書中、とりわけ受難物語部分の随所に現れる旧約聖書の引用句についてである。そのように旧約聖書が指示されることによって事件の背後に神の意志が示唆されるならば、それは悲劇的逆転の希薄化にならないか、という問いがあり得るかも知れない。しかし実際はそうではない。アリストテレスも、「逆転」とその「認知」とは、悲劇の中では「もっともな成りゆきとして」(kata to eikos)

あるいは「不可避のこととして」(ex anankēs)(10:4/1452a; 11:1/1452a)生起せねばならないと言っていた。旧約句の背後に想定される神の意志は、こうした「逆転」、「認知」、「苦難」を導く不可測的な根源の力として働いているのである。それは決して、そうした悲劇的転回を逆に阻止し、主人公を都合よく救い出す、通俗的な「機械仕掛けの神」(deus ex machina)として働いているのではないからである。

マルコ福音書の中では、こうした弟子たちの悲劇的な「認知」がもう一度克服されたという記事はない。ただ、先ほども引いた次の一句だけが、その可能性を物語の外の時空において暗示している。

「行って、彼の弟子たちとペトロとに言え、『彼はあなたたちより先にガリラヤへ行く。そこでこそ、あなたたちは彼に出会うだろう』と。彼がかねてあなたたちに語った通りである」(一六7)。

つまり、ここでもマルコのケリュグマ伝承への基本的忠実さが看取できるのである。しかし彼の真意は、この「再会」によって修復された認知を強調するところにはなく、むしろ当初の弟子たちの自己認知の崩壊を描くことに関心が集中している。

二・1・(3)「苦難」

a イエスの「苦難」

イエスの内的な「苦難」を何よりも明らかに示すのは、受難物語中ゲッセマネの場面の、「私の魂は死ぬほどに悲しい」（一四34）と、その祈りの言葉「……どうかこの杯を取り去ってください」（一四36）であろう。さらには、これに人々の殴打による肉体的苦痛が加わり（一四65）、さらに嘲笑の声が取り巻く。イエスに茨の冠を据える兵士たちの嘲弄においても同様である（一五17）。さらに十字架の場面では、人々は酢をイエスの口にたらし込むことで、今際《いまわ》のイエスをさらに虐待する（一五36）。

そもそも十字架刑は――前述の如く――言語に絶する苦痛をできるだけ長く与えつつ、死に至らしめるための処刑方法である。最後の決定的「認知」の言葉、「エロイ、エロイ、レマ、サバクタニ」は、その苦しみの極みで放たれた叫びである。ここでは、「苦難」の動機と「認知」のそれとが、ゲッセマネの場合と同じく、あるいはそれ以上に、互いに相即している。と同時に、それは運命の「逆転」の行き着いた先であり、結局「エロイ、エロイ、レマ、サバクタニ」の一句は、「逆転」と「認知」と「苦難」とのすべてを集約しているものである。それは、受難物語を超えて、全マルコ福音書の究極の一句であろう。

b　弟子たちの「苦難」

これに対して、弟子たちの「苦難」については、直接に描写されることはほとんどない。ただ一つ、イエスの次のような句がある。

「人の子を裏切るその人は禍いだ。その者にとっては、生まれて来ない方がよかったであろうに」（一四21）。

これは、裏切り予告の箇所の最後の句である。これを、ユダに対するイエスの呪いの句ででもあるかのように考えてはならない。ここでは「ユダ」は全く特定されていない。それに、ここの「禍いだ」という旧約以来の表現類型は、何よりも話者の深い嘆きを表すものである。その裏切り者のやがて遭遇するであろう絶望を思えば、彼が生まれて来なかった方が彼にとってどれほど楽であったか、と嘆じているからである。ここには、裏切りの淵に沈む弟子たちすべての「苦難」が、憐憫《れんびん》の痛みの中で既に見通されている。

これに加えて重要なものは、あのペトロの否認場面の最終句である。マルコ福音書においては、これ以上弟子たちの苦難をさらに示唆する言葉は現れない。

「そして彼はどっと泣き崩れた」（一四72）。

この場面はこの句で終わるが、読者の心的空間では、このペトロの泣き声はその後幾時も疼《うず》いていたかのように響くのである。

一・2 悲劇性ゆえの顕現物語の欠如

以上、マルコ福音書は、「イエスの死と復活」という、それ自体「悲劇」を超える出来事を伝える古いケリュグマ伝統に基本的には沿っていながら、その物語的な内容構成において、アリストテレス理論の観点から考察しても優れて「悲劇的」と言える構成要素を配置していることが見て取れよう。したがって、マルコを典型的な「悲劇物語」とは規定できないであろうが、「悲劇的物語」と表現することは許されるであろう。これは決してマルコがアリストテレスを読みながら、あるいはアリストテレスを念頭に置きながら福音書を書いたという意味ではない。彼の本来的な悲劇的感覚が、アリストテレスが見て取ったギリシャ悲劇の構成と同質のものをおのずから創り出させたということであろう。

私たちは、以前、マルコに復活宣言の記事はあっても復活者の顕現物語がない点に、著者の悲劇的感性を垣間見た。その点をより内容的に規定するとすれば、著者は、この十字架の悲劇的ヌミノーゼの中に核を見ているということである。マルコにとって「復活」の本質は事実上、十字架の悲劇の只中で顕現されてしまっている。イエスはいわば十字架に付けられたまま「復活」しているのである。十字架をわざわざ補塡する「復活顕現物語」がなくとも、著者の描きたいものは頂点に達したのである。ヴェイユ（Simone Weil）の次の言葉は、何よりもマルコの物語構成に妥当する――

「十字架上での断末魔の苦悶は復活よりもいっそう神的であり、この苦悶こそがキリストの神性が収斂《しゅうれん》する一点である」（ヴェイユ『前キリスト教的直観』、冨原眞弓『ヴェーユ』、八二頁より引用）。

シモーヌ・ヴェイユ

一・3 悲劇の二重化

一・3・(1) イエスの悲劇と弟子たちの悲劇

今見たように、マルコ福音書にはイエスの悲劇と同時に弟子たちのそれがある。いわば悲劇的筋の二重奏なのである。加えてそれら二つの悲劇的筋は、相互に関係し合い、絡み合って進展していく。この悲劇の二重化は、マルコによる「筋」構成の際だった特徴である。もっとも、こうした悲劇の二重構造化は、マルコ福音書にのみ見られる構成ではない。すぐれて悲劇的な作品には、少なからず看取できるものである。むしろ、最も悲劇的な効果は、そのように二重化される悲劇的筋構成においてこそ達成される、とすら言えるかも知れない。

一・3・(2) マルコ福音書以外の諸例

a ソフォクレス『オイディプス王』

例えば、アリストテレスがその悲劇論執筆の際、第一に念頭においているソフォクレスの『オイディプス王』を挙げてみよう。オイディプスは、一切の真実が明らかになった瞬間、城内に入り、たった今自殺したばかりの妻にして母であるイオカステーのかんざしをとり、それで己の目を滅多刺しにする。凄惨な自己懲罰の場面である。そして自分を進んで追放の刑に処せんとするのであるが、そのときコロス役のテーバイの長老たちから、「目を失って生きるよりはいっそこの世を去られたほうがましでした」(1368)と言われると、次のように答えている。

「わたしにはわからぬではないか、
目が見えるならハーデースへ行ってどのような目で父を見、

惨めな母を見ればよいか。
お二人にはわたしは首をくくってもなおたりぬ罪をおかしたのだ」

（1371-4　岡道男訳）。

つまりオイディプスにとっては、自分の悲劇に時間的にも質的にも先行するところの、そして自らがそれへの責めを負うところの、父ライオスと母イオカステーの「悲劇」が存在するのである。観客の目には、オイディプスの両親の悲劇はオイディプス自身の悲劇とは較ぶべくもないように見える、ということは問題ではない。オイディプスの目にどう映っているか、ということが問題なのである。オイディプスにとっては、自分の悲劇以上の悲劇を父母は蒙っているのであり、それも彼オイディプスのゆえに蒙っているのである。こうしてオイディプスは、父母の惨劇の直接の原因者であることによって、異様な「心痛と恐怖」をもって両者の悲劇に直面させられていることになり、そのつらさがなおのこと彼の没落と苦悩を誘発するのである。この構造の複層化は、オイディプス劇の衝撃性の大きな要因である。

b　ソフォクレス『トラーキーニアイ』

もう一つの例を、ソフォクレスの作品から挙げよう。『トラーキーニアイ』において、この題名が意味する「トラーキースの女たち」とは、劇の中ではコロスを構成する人々である。しかし決して彼女らがこの作品の主人公ではない。主人公がヘラクレスとその妻ディアネイラであることは明瞭であろう。その中でも、ディアネイラの悲劇性は凄烈である。彼女は夫ヘラクレスが妾として連れてきたオイカリアの王女イオレーへの、夫の恋情を何としてか自分に向けようと苦しむ。そして、かつて半人半馬のネッソスが傷を負って死ぬとき、その傷口の凝り固まった血を「魔除け薬」として彼女に与えたことを思い出す。それをヘラクレスに施せば、彼がどんな女を見てもディアネイラの代わりに好きになることはないというものであった。その通り彼女は、ヘラクレスの長衣にその妙薬を塗り、彼に渡すのであるが、これが実は水蛇の猛毒なのであった。そのためにヘラクレスはいのちを落とす羽目になる。それを知ったディアネイラは、自らの愚かさに対して底なしの懊《おう》悩《のう》に陥りつつ、決定的な懲罰を自己に下す。彼女の乳母の報告によると——

「私はあのかたの目にとまらぬように姿を隠してこっそりと窺っていました。すると奥様はヘーラクレース様の臥床の上に掛布を拡げて投げかけられました。それがすむと、その上にご自分が飛び上がられて臥床の真中でうずくまって、わっと泣かれて熱い涙を流しながらこう言われました、『ああ私たち夫婦の床よ、部屋よ、これでもうおさらばです、これからは決してこの寝床に妻としての私を迎えることはないでしょう』と。こう言われるや、素早い手でご自分の長衣の、金の胸飾りで留めてある所をほどいて、腕もろともに左の脇腹をあらわに剔き出されました……奥様が両刃の剣を横腹から内臓の急所に向けて突き刺しておいでになるのを私たちは見たのです……」（913–931　竹部琳昌訳）。

c　シェイクスピア『リア王』

更に時代を降って、シェイクスピアの最高の悲劇とも言われる『リア王』を取り上げてみよう。劇中、最も痛ましい場面として、王が最後に、娘のコーディリアの死骸を抱きかかえつつ登場するところがある。そこで王は、次のような言葉を吐きつつ悶死する――

「俺の阿呆め、かわいそうに首を絞められてしまった！　もう駄目だ、駄目だ、助かるものか！　なぜ犬が、馬が、鼠が生きているのに、お前だけ息をしないのか？　お前はもう帰って来ない、もう、もう、もう、決して！……」（第五幕第三場、福田恒存訳）。

事の運びからすると、コーディリアはエドマンドの配下の者に絞殺された。しかしその彼女の死の真の原因は、他でもないリアのこれまでの我執と愚鈍な頑なさであった。リアがそれを認知したときはもう時遅かったが、しかしそのことの認知自体が、リアの自意識を決定的に崩壊させるのである。つまり、リアにとっては、彼自身に負い目のあるコーディリアの「悲劇」が、彼自らの悲劇に質的に圧倒的に先行するのである。その認識に、リアの狂ったような悲しみの根源がある。

シェイクスピア『オセロ』より

d　シェイクピア『オセロ』

シェイクピアからもう一つ例を引いておこう。ムーア人の将軍オセロはイアゴーの奸計に乗せられて最愛の妻デスデモーナの貞潔に疑いを持ち、怒りに駆られて彼女を圧殺する。しかし真相はやがて明らかになり、オセロの現実認識は瞬時に反転する。

「あゝあさはかな！　このおれは！　なんというあさはかなことを！」（第五幕第二場、福田恒存訳）。

オセロの奈落への下降は悲惨である。しかし、オセロ自身にとっては、彼がどのように自己を嘆こうと、彼自らがもたらしたデスデモーナの悲劇の前には、ただくずおれるしかないのである。

「そうだ、今、お前はどんな顔をしている？　ああ、ふしあわせな女！下着のように蒼《あお》ざめて！

その最後の審判の日が来て、ふたたびお前に出会うとき、その顔を見ただけで、おれの魂はたちまち天から投げ出され、地獄の鬼どもに食いちぎられるであろう」（承前）。

これらの他にも例は数多くあるが、ここで中断してよかろう。こうした二重構造の悲劇においては、しばしば単に自分が滅ぶことの苦悩を超えて、取り返しのつかない他者の滅びの責めを自分が負っているという苦悩が出現する。つまり、罪責の問題が浮上し得るのである。あえて言えば、悲劇的筋は、この構造を採るとき、その最も痛ましい姿を呈すると言えるであろう。

この意味でも、マルコ福音書は、とりわけその弟子たちの去就をイエスの滅びと絡み合わせて描くことによって、最も悲劇的な効果を生むことに成功していると思われる。

もっとも、アリストテレスはその悲劇論において、今述べたような悲劇の複層化は視野に入れていない。リーチが指摘している通りである。

> 「アリストテレスは、オイディプス王のような単一の人物が全体の劇の行為（アクション）を支配するという型の構成に重点をおきすぎた嫌いがあると言うことができるだろう。悲劇の重荷が何人かの人間のあいだに共通に担われ得ることは、認めなければならない」（『悲劇』六九頁）。

一・4　「性格」について

マルコ福音書の「悲劇性」に関して、もう一点付け加えるものがある。既述の如く、アリストテレスによれば、悲劇の中の人物は、「徳と正義において」われわれよりも優れた人物でなければならないが、極端に優れた人物であってはならないということであった。そのように優れた人物のゆえなき没落は、「ただひどいことだという憤慨を与えるだけであるから」と言う。これは、すでに述べたように、その人物と観客のあいだの感情的同一化がアプリオリに不可能になってしまうような状況では、「悲劇」は成立し得ないということである。この点は、マルコ福音書においてはどうであろう。

すぐに気づくことは、マルコ福音書中の弟子たちには、これはほぼそのまま当てはまると見てよいであろう。弟子たちはイエスに対するその近さ、一切を棄ててイエスに従うその決断において、読者よりも確かに若干優れているのかも知れないが、それは隔絶しているものではない。しかし、他方イエスはどうか。彼は、文字通り「徳と正義において」極端に優れた人物として登場する。彼こそ、通常のレベルを遥かに超えた知恵と権能の持ち主（一27、六2など）であり、愛の行者であり、神に特別に選ばれた救世主・「神の子」（一11、九7）だからである。それにもかかわらず、彼の磔殺を見ることが、単に「ひどいことだという憤慨を与えるだけ」のものとはならないであろう。それはなぜか。
それは何よりも、読者とイエスの間にすでに何らかの紐帯が存在しているからである。簡単に言えば、含意されている読者（implied reader）はすでに――あるいは少なくても潜在的に――キリスト者なのである。したがって、いくらイエスが「徳と正義において」卓越しているからといって、その没落に対して、読者はただ「ひどいことだ」と距離を置いて憤慨するだけで終わり得ないのである。この点では、アリストテレスの理論の敷衍《ふえん》ないしは修正が必要とされる。

一・5　受容論的考察――悲劇的物語との一体化のメッセージ

一・5・(1)　イエスとの一体化

ここで私たちは、マルコ福音書の「読者」の考察に入っていかなければならない。以上のような物語構成の力学からすると、読者――この場合すでに述べたように「含意された読者」（implied reader）のことであるが、あえて毎回断わることをしない――は、まずイエスと自己を一体化することが予想されるであろう。

「……イエスの死の強烈な描写によって、読者は孤立、痛み、拒否、そして死の絶望を追体験的に（vicariously）体験する。この物語を通して追体験的に死と面することによって、含意された読者（implied reader）は死の恐怖のなにほどかを瀉出され（purged）、それによってイエスのように忠実になるための備えがよりよくできることになるのである」（Rhoads/Michie, Mark as Story, p. 140　私訳）。

事実、これと軌を一にする形で、マルコの中ではイエスへの命懸けの信従が繰り返し求められている。例えば――

「もし人が私の後から従って来たいと望むならば、自分自身を否み、自分の十字架を担って私に従って来るがよい。実に、自分のいのちを救おうと欲する者はそれを滅ぼすだろう。しかし、自分のいのちを私と福音とのために滅ぼす者は、それを救うだろう。そもそも、人が全世界を儲けても、そのいのちが害を蒙っては何の益があろう。いったい、人は自分のいのちの代価として何を与えることができようか。確かに、この不貞で罪深い世代において私と私の言葉とを恥じる者を、人の子も、その父の栄光のうちに聖なる御使いたちと共に来るとき、恥じるだろう」（八34－38）。

すなわち、これらの言葉は、マルコ福音書がその悲劇的要素の効用で読者のうちに生み出すべきものを、あらためて明白に言語化して求めているのである。

三・5・(2) 弟子たちとの一体化

だが、読者の自己同一化は、これだけにとどまらず、もう一つ別の対象をも持つ。弟子たちである。先に見たように、裏切った後の弟子たちの苦難は、ペトロの涙による暗示以外は明瞭に描かれていなかった。しかし、描出されていない弟子たちの苦難こそ、この物語を読む読者の一人一人が自ら担うものとして投げかけられているのではないであろうか。弟子たちの最後の姿は、もはや対象的に描写され、鑑賞されるという質のものではあり得ないと言える。「イエスなぞ知らない」と言ったあげく泣き伏すペトロの姿を見るに至った読者は、ペトロを突き放した批判の目で見るというよりは、そこに自らを認め、自らも本質的にペトロと選ぶところがないことを思い知るのである。

もっとも、弟子たちの没落に対しては、読者は距離をもって批判的に反応することが想定されていると考える研究者も多い（「弟子たちの否定性が極限に達すると、『読者』はもはや弟子たちとどうかすることを放棄せざるを得ない」挽地茂男、一〇七頁）。そのような読みの可能性を否定することはできないが、私には、マルコ福音書はそれを上回る深みを持っているように思われる。むしろ、単なる「反面教師」としてのみの弟子理解は、マルコ福音書の持つ悲劇力の効用を充分に考慮しないものであり、どこか勧善懲悪的図式の枠内にとどまった解釈のように思われる。

要するに、マルコ福音書の悲劇を読む者は、そのことによって、キェルケゴールの言う「同時性」の空間に入れられてしまうのであろう（キェルケゴール『イエスの招き』九三頁）。受難していくイエスと自分が重複し、また——より痛切には——そのイエスを裏切ったペトロと自分が二重写しになるのである。登場人物たちの体験へのアナロジー的同時空間が成立し、この物語を何ほどかでも「追体験」させられてしまうのである。もっとも、この「空間」は芸術空間であるために、第一義的には虚構空間である。しかしそうしたいわば「仮想現実《ヴァーチャルリアリティ》」の芸術空間が、その中に身をおく者の内奥を開示する形で働き、それによって深層現実の空間にまで変質することは、芸術というものの本来の力であり、秘密に他ならない。

[一]・[5]・(3)　百人隊長との一体化

マルコの構成上、実はペトロの姿の延長上にもう一人の人物が登場するように思われる。イエスの最期の場に居合わせる百人隊長である。彼こそ、イエス磔殺の実行隊長であり、イエスへの敵対性の点ではペトロ、ユダの線すら越える存在であると言えよう。その彼が、「イエスがこのように息絶えたのを見て」（一五39）ある告白をなす。「このように」と言われているのは、おそらく単に目の前で苦悶して果てた、というよりも広い意味があろう。この百人隊長は、「他人を救ったが自分自身を救うことができない」（一五31）という、イエスに対する祭司長らののしりをその場で聞いているはずである。他人を救うほどの力があったと聞く超人イエスが、今や無力さの中に転落し、人々のなぶり者になるがまま、果ては百人隊長自身の手に掛かって十字架で悶死したのである。しかし、イエスの末期の瞬間が、百人隊長自身を異様な衝迫性で打つ。そのインパクトを証ししているのが、彼の次の発言である。

「本当に、この人間こそ神の子であった」（一五39）。

「神の子」告白とは、このコンテキストでは、「神」がドラマの隠れた主体であることの告白と同義である。つまり、このようなイエスの滅びの中に「神」が現れた、ということである。そのことは、イエス絶命を告げる一五37と、百人隊長の告白を語る一五39の間に置かれている次の句が同時に示唆している。

「すると、神殿の幕が上から下まで、真っ二つに裂けた」（一五38）。

この「神殿の幕」とは、エルサレム神殿の聖所の中、その最深部である至聖所の前に下げられてあった幕であるとされている。神の臨在空間と死すべき人間の世界とを峻別しているものである。それが「真っ二つに裂けた」ということは、二者間の隔てが除かれたということであり、神の現存在が顕現した、ということの比喩的表現である。イエスの絶命が、神の顕現の逆表現なのである。それを、もう一度人間の立場から捉え直したのが、39節の百人隊長の「神の子」告白であると理解されよう。

注　このため、私は百人隊長の言葉を太田修司説のように「アイロニー」ととらない。皮肉ととるならば、「こんな駄目な人間がこともあろうに神の子だったとよ」とでもいうような嘲笑の意となろう。しかしそれならば、この39節が、38節の神殿の幕が裂けたという言葉と40節以下のけなげな女性たちの記事とのあいだにある構成的理由がわからない。つまり、38-39-40節の連結が自然な流れとはならないように思える。もし39節が皮肉ならば、この節はむしろ、37節のイエス絶命の直後、そして38節の神殿の幕と40節以下の女性たちへの言及の直前にでも配置さるべきであろう。

したがってこの百人隊長は、福音書の物語から想定される「読者」の声と重複する。ということは、百人隊長は、ギリシャ悲劇の「コロス」的存在でもあるということである。彼の告白の背後に響いているのは、実は読者の告白の声であり、それを予期・想定している「著者」の声でもある。

要するに、イエスを棄てて逃げた弟子たちや、イエスを釘付けした百人隊長と同じ立場に立つ自分を垣間見た者には、ゴルゴタで滅していくイエスから、「恐怖と心痛」の異様な力が到来する、とされているのであろう。その衝撃の与える認識が、百人隊長の「告白」なのである。そしてここに至って、イエス洗礼時に天の声が宣言した「神の子」（一11）性が、地上で――それもはなはだしく逆説的・悲劇的な仕方で――現実になったと証され、やがて物語が閉じられるのである。

一・5・(4)　一体化のメッセージとマルコ福音書執筆の外的状況

すなわちマルコ福音書の読者たちは、その心的空間において、一方でイエスと自己同一化し、自らの生においてもイエスの受難の道を象徴的にたどることが求められると同時に、他方では弟子たちにも自分をなぞらえずにおれなくなることから、自分が弟子たちのような不可解な弱さと醜悪さを持っていることをも思い知らされる。そして、そうした背信体であるにもかかわらず、背信体のまま、イエスに従うように要請され期待されているのである。そうした在り方を確認する原点が、あの処刑者たる百人隊長の「神の子」告白であろう。

では、福音書記者マルコは、なぜこのような構成の悲劇的福音書を著したのか。ここでもう一度、文芸論から歴史論に戻らなければならない。マルコ福音書成立に関する緒論問題をここで詳論することは避けるが、私は同書が紀元七〇年、ローマ軍によってユダヤ教の首都エルサレムが破壊された後、また——このユダヤ戦争からは身を引いた——キリスト教がようやくユダヤ教から袂《たもと》を明確に分かった頃、南シリアなどのユダヤ教徒と異教徒（すなわち非ユダヤ教徒）の混在する地方で書かれたとする説に蓋然性があると考えている（詳しくは、大貫隆『マルコによる福音書』など参照）。そうすると、その中でのキリスト教共同体とは、ユダヤ教と異教徒との双方から迫害される立場にあることになる。

「紀元一世紀の読者は、イエスの後に従う者すべてが晒されていた迫害の危険性をも、意識していた——家族による拒否、ユダヤ教同胞からの誤解、地元のユダヤ教裁判所での裁判、それに異教徒の総督や王の前での裁判である。ユダヤ教徒にとっては、イエスに従う者たちは〔ユダヤ〕戦争に反対した者どもであり、裏切り者でしかない。ローマ人にとっては、イエスに従う者たちは革命を起こす危険のある者たちである。なぜなら彼らの指導者はローマの総督によって革命家として処刑されたからである。したがって、もし読者がこの物語の示唆するように行動する——つまり、終末以前に異教徒に対して福音を告げ知らせる——ならば、その者は迫害に遭い、場合によっては死にすら面することになるであろう。

この物語全体のインパクトからすれば、この紀元一世紀の読者は、〔物語に〕含意された読者（implied reader）と同様、死と真っ正面から向かい合うように導かれ、かつ、イエスおよび神支配の福音のための証しをする備えがいっそうよくできるよう、導かれるかも知れないのである」（Rhoads/Michie, Mark as Story, p. 141–142　私訳）。

マルコが同書を執筆した最大の関心事の一つに、読者たちに迫害の危険を乗り越えるすべを与えるということがあったことは、ほぼ間違いないことであろう。なぜこのような書がその目的に資するかと言えば、それは同書の持つ悲劇力のゆえである。マルコは、差別や迫害や死の危険を前にして、そこから目を逸らさすようなヴィジョンを与えることをせず、そのような現実を――イエスの十字架とそれを棄てた弟子たちとの歴史に託して――冷徹に描き切ったのである。このとき彼を導いたのは、一種の「ショック療法」への信頼である。この戦慄と痛ましさとを見据えれば、いっそう萎縮するのではなく、むしろ逆に、戦う真の勇気が与えられるという直観だったのではないだろうか。イエスおよび弟子たちとの自己一体化が開くものは、終局的にはそのような勇気の地平であるという確信だったのではないだろうか。

ここまで来て、イエスのあの不思議な言葉の意義も浮かび上がって来よう。

「私は自分が起こされた後、あなたたちより先にガリラヤへ行くだろう」（一四28、一六7）。

この「ガリラヤ」こそ、読者がそれぞれ新しい勇気をもって踏み込んでいくべき、現実の戦いの生なのである。

二 前マルコ受難物語

二・1 まえおき

このような悲劇的なイエス物語把握は、福音書記者マルコが初めて行ったものであろうか。おそらくそうではない。むしろそれは、「前マルコ受難物語」によってマルコに伝えられたと思われる。「前マルコ受難物語」という表現で意味されているのは、マルコが受容し、その福音書14‐15章に編集して組み込んだ、彼以前の受難物語伝承のことである。「編集して」というのは、この伝承部分にもマルコ自身の筆が加えられて現在の形になっていることは――これに対する反対意見もあるが――明らかだと思われるためである。したがって、そうした編集作業が施される前の、伝承そのものの形態を摘出しなければ詳しい議論はできないのであるが、これは残念ながら容易な作業ではない。いや、厳密には不可能と言ってよい。ただし、かなりまとまった伝承があったという点では、大部分の研究者が一致している。以下において、論証を一切抜きにして、マルコ14‐15章の中からおそらくマルコの編集句と思われるものを取り除いた文章を掲げるが、その資料的再構成は仮定的・暫定的であることを前もって断わっておかねばならない（なお、「……」はマルコの編集句と思われるものを削除した箇所の暗示、〈　〉は便宜上の小見出しである）。少なくとも、ここに掲げる文章の中に、マルコ以前の受難物語の大部分が潜んでいることは間違いない。

二・2　テキスト

……

〈ベタニアの塗油〉一四 3 さて、イエスがベタニアで……食事の座に横になっていると、きわめて高い値の、純正のナルド香油の入った石膏の壺を持った一人の女がやって来て、その石膏の壺を砕き、彼の頭《こうべ》に香油を注ぎ始めた。4 すると幾人かの者がお互いの間で激しく怒った、「何のために香油をこのように無駄遣いしたのか。5 この香油は三百デナリオン以上の値段で売って、乞食たちに与えてやることもできたというのに」。そして彼らは、彼女に対して激しく息巻いた。6 しかしイエスは言った、「この女《ひと》をそのままにさせておくのだ。なぜこの女《ひと》を困らせるのか。私に良いことをしてくれたのだ。7 そもそも、乞食たちはいつもあなたたちと共におり、あなたたちはいつでも望むときに彼らに尽くしてやることができる。しかし私は、いつまでもあなたたちのもとにいるわけではない。8 この女《ひと》は思い詰めていたことをしたのだ。つまり、埋葬に向

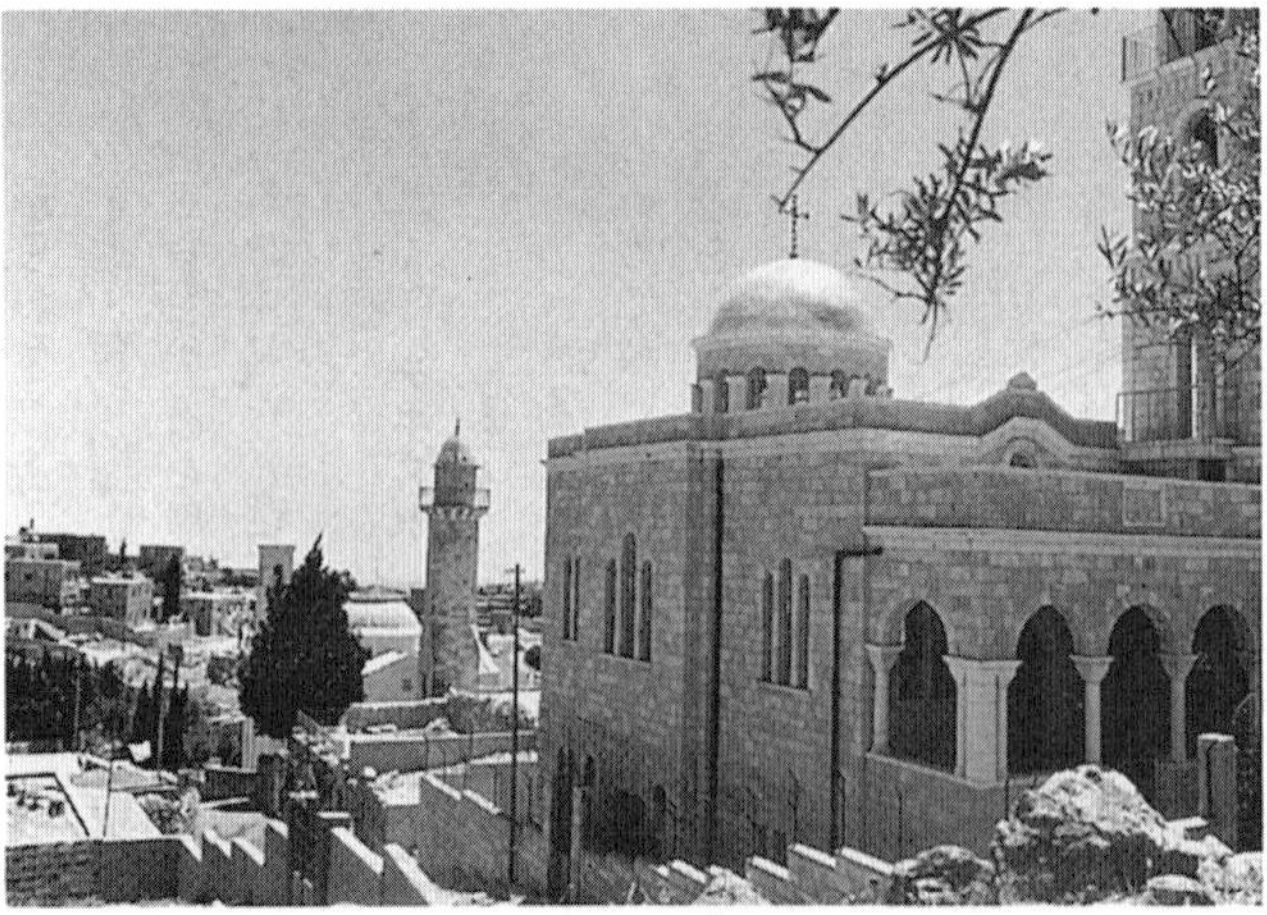

オリーブ山東側のベタニアにある聖ラザロ教会

けて、前もって私の体に香油を塗ってくれたのだ。……」。
　＜ユダの裏切り＞10　さて、十二人の一人、イスカリ
オテのユダは、祭司長たちにイエスを引き渡すために、彼
らのところへ行った。11　彼らはこれを聞いて喜び、彼に
銀を与えることを約束した。そして彼は、どのようにしたら
イエスを首尾よく引き渡せるか、その機会をねらっていた。
　＜過越の準備＞12　そして、……過越の羊を屠る日、
イエスの弟子たちが彼に言う、「過越の食事をなされます
よう、私たちはどこへ行って用意したらよいでしょう
か」。13　そこで彼は、自分の弟子のうち二人を遣わし、
彼らに言う、「都の中に行くのだ、そうすればあなたたち
は水瓶を持った一人の人に出会うだろう。彼の後について
行け。14　そして彼が中に入る場所で、その家の主人に言
うのだ、『先生が、「私が弟子たちと共に過越の食事をする
私の部屋はどこか」と言っておられます』。15　すると彼
自らがあなたたちに、席の備えられた、用意のととのった

二階の大きな部屋を見せてくれるだろう。そしてそこで、私たちのために用意せよ」。16 そこで
弟子たちは出て行って、都に入ると、彼が彼らに言った通りであることがわかった。そして彼ら
は、過越の用意をした。
……〈ある弟子の裏切りを予告〉18 そして彼らが食事の席で横になって食べているとき、イ
エスは言った、「アーメン、私はあなたたちに言う、あなたたちの一人……が、私を売り渡すだろ
う」。19 彼らは悲しみだして、一人ずつ彼に言い始めた、「まさか、この私では」。20 そこで彼
は彼らに言った、「十二人の一人で、私と共に鉢の中に〔自分の食物を手で〕浸す者がそれだ。21
というのも、たしかに人の子は彼について書いてある通り、去っていく。しかし禍いだ、人の子
を売り渡すその人は。その者にとっては、生まれて来なかった方がましだったろうに」。
……〈全員の躓き予告〉26 そこで彼らは賛美歌を歌って、オリーブ山へと出ていった。27
するとイエスは彼らに言う、「あなたたちは、全員が躓くことになるだろう。なぜならば、次のよ
うに書いてあるからだ、

私は羊飼いを打つであろう、
そうすると羊の群は、ちりぢりにされてしまうであろう。

……29 しかしペトロが彼に言った、「皆の者がことごとく躓いたとしても、この私は躓きませ
ん」。30 そこでイエスは彼に言う、「アーメン、私はあなたに言う、あなたは今日、今夜、鶏が二

度啼く前に、三度私を否むだろう」。31 彼はしかし、ひどく力んで言い立てた、「もし私があなた
とご一緒に死なねばならないとしても、決してあなたを否んだりは致しません」。ほかの者たちも
皆、そのように言い張った。
〈ゲッセマネの祈り〉32 さて彼らは、ゲッセマネという名の場所にやって来る。……すると
イエスは、ひどく肝をつぶして、悩み始めた。34 そして彼らに言う、「私の魂は死ぬほどに悲し
い。ここにとどまって……いなさい」。35 そして少し先に行って大地にひれ伏し、……36 そし
て言った、「アバ、お父さん……この杯を私から取り除いてください。しかし、私の望むことでは
なく、あなたの望まれることを」。37 そして〔戻って〕来ると、彼らが眠っているのを見つけ
る。そこでペトロに言う、「シモンよ、眠っているのか。……事は決した。……42 立て、行こ
う。見よ、私を売り渡す者が近づいた」。
〈捕縛〉43 そしてすぐに、……十二人の一人のユダが現れる。そして彼と共に、祭司長たち
と律法学者たちと長老たちとの差し向けた群衆が、剣と棒を持って現れる。44 イエスを売り渡す
者は、こう言いながら彼らに合図の徴を与えていた、「俺が接吻する奴があいつだ。それを捕え
て、間違いなく引っ立てて行け」。45 そしてやって来て、すぐにイエスに近寄って言う、「ラ
ビ」。そして彼に接吻した。46 そこで彼らは彼に手をかけ、彼を捕えた。47 するとかたわらに
立っていた者のうち誰か一人が、剣を抜いて大祭司の僕に打ちかかり、その片耳を切り落とした。

48　そこでイエスは語り始めて彼らに言った、「お前たちは強盗にでも向かうかのように、
剣や棒を持ってこの私を取り押さえに出て来たのか。……しかしこれも聖書が満たされるため
だ――」。
50　すると全員が、彼を見捨てて逃げていった。
51　また、ある若者が亜麻布に裸の身をくるんで、人々と一緒に彼に従って来ていた。そこで
人々は彼を捕えようとする。52　すると彼は、亜麻布を捨て、素っ裸のまま逃げていった。
53　さて彼らは、イエスを大祭司のもとへ連れていった。……
〈ユダヤ当局による裁判〉55　一方、祭司長たち……は、イエスを殺すために、彼に不利な証
言を探していた。しかし、見つからないままであった。56　多くの者が偽って彼に不利な証言をし
たが、それらの証言は一致しなかったのである。57　そこで、ある者たちが立ち上がって、偽って
彼に不利な証言をしようとしながら言った、58　「私どもはこいつが、『俺は手で造られたこの神殿
を壊し、三日の後に手で造られない別の神殿を建てて見せる』と言うのを聞きました」。……
60　そこで大祭司が立ち上がり、中央に進み出てイエスにたずねて言った、「お前は何も答え
ないのか。これらの者たちがお前に逆らう証言をしているのは、どういうことなのだ」。61　しか
し彼は沈黙したまま、ひとことも答えなかった。大祭司は重ねて彼にたずねた、そして彼に言う、
「お前は讃《ほ》むべき者の子キリストか」。62　するとイエスは言った、「私がそれだ。そしてあなたた

ちは、人の子が力ある者の右に座し、天の雲と共にやって来るのを見るだろう」。63 すると大祭
司は彼の衣服を引き裂いて、言う、「われわれはどうしてこれ以上証人が要るだろうか。64 諸君
はこの冒瀆《ぼうとく》の言葉を聞いたのだ。諸君にはどう見えるか」。すると全員が彼を断罪し、死に値する
ものとした。
65 そしてある者たちは、彼に唾を吐きかけ始め、彼の顔に目隠しを巻きつけて彼を拳で殴り
だし、彼に言い続けた、「預言して見ろ」。また、下役たちも彼に平手打ちを浴びせながら、彼を受
け取った。
〈ペトロの否み〉54 なお、ペトロは……大祭司邸の中庭の中にまで入っていった。そして下
役たちと共に腰を下ろし、焚き火で暖をとっていた。66 ……大祭司の女中の一人がやって来る。
67 そしてペトロ……をしげしげと眺めて言う、「お前さんも、あのナザレ人イエスと一緒だった
ね」。68 しかし彼はそれを否定して言った、「俺はお前の言っていることなぞ知らないし、わか
らない」。そして彼は、外の前庭に出ていった。69 そこで例の女中が彼を見て、かたわらに立っ
ている者たちに再び言いはじめた、「この男も彼らの一味なのよ」。70 しかし彼は再び否定した。
そして少し間をおいて、かたわらに立っている者たちがまたペトロに言いだした、「本当にお前は
あいつらの一味だ。お前はガリラヤ人だからな」。71 そこで彼は、嘘ならばこの身は呪われよと
誓い始めた、「俺はお前たちの言っているあんな男なぞ知らない」。72 するとすぐに、鶏が二度目

に啼いた。そこでペトロは、「鶏が二度啼く前に、あなたは三度私を否むだろう」、とイエスが彼に
語ったときの言葉を思い出した。そして、どっと泣き崩れた。
＜総督ピラトゥスの尋問＞一五 1 そして、……祭司長たちは長老たちや律法学者たちと共に
……協議をし、イエスを縛って連れ出し、ピラトゥスに引き渡した。
2 そこでピラトゥスは彼にたずねた、「お前はユダヤ人どもの王なのか」。しかし彼はピラ
トゥスに答えて言う、「それはあなたの言うことだ」。3 すると祭司長たちはさまざまに彼を訴え
始めた。4 そこでピラトゥスは再び彼にたずねて言った、「お前は何も答えないのか。見よ、彼
らはやっきになってお前を訴えているのだ」。5 しかしイエスは、もはや何一つ、まったく答え
なかった。そのためにピラトゥスが驚くほどであった。
＜十字架刑の確定＞6 さて、ピラトゥスは祭りのつどに、彼らの願い出る囚人を一人、彼ら
のために釈放することにしていた。7 ところで、反乱を起こして殺人を犯した叛徒たちと共に、
バラバと呼ばれる者が鎖につながれていた。8 そこで群衆は立ち上がり、いつものように彼らに
してくれるように願い始めた。9 するとピラトゥスは、答えて彼らに言った、「お前たちは、『ユ
ダヤ人たちの王』を釈放してもらいたいのか」。……11 しかし祭司長たちは群衆を扇動し、彼ら
のためにバラバの方を釈放してくれるように要求させた。12 そこでピラトゥスは、再び答えて彼
らに言った、「では、『ユダヤ人たちの王』とお前たちが言っている男をどのようにしてもらいたい

のか」。13 すると彼らはまた叫んだ、「十字架に付けろ」。14 そこでピラトゥスは彼らに言った、
「では、こいつはどんな悪事を働いたのか」。しかし彼らはなおいっそう激しく叫んだ、「十字架に
付けろ」。
15 そこでピラトゥスは群衆を満足させようと思い、彼らのためにバラバを釈放し、イエスを
鞭打った後、十字架に付けるため兵士たちに引き渡した。
＜兵士たちによる嘲弄＞16 すると兵士たちは、彼を館……の中に引き入れた。そして彼らは
全部隊を呼び集める。17 また、彼に紫の衣をまとわせ、茨の冠を編んで彼にかぶせる。18 また
彼に挨拶をし始めた、「ユダヤ人どもの王様、ごきげんうるわしゅう」。19 また繰り返し彼の頭を
葦で打ち、彼に唾をかけ、そして両膝を地につけて彼を伏し拝むのだった。20a そして彼をなぶ
りものにした後、紫の衣を彼から剝ぎ、彼自身の着物を着せた。
＜イエスの十字架刑＞20b そして彼らは、彼を十字架に付けるために都の外に引き出す。21
そして、ある通りすがりの者で、……キュレネ人のシモンという者が野からやって来たのを徴用
して、イエスの十字架を負わせる。
22 そして、彼をゴルゴタという場所……に連れて来る。23 そこで彼らは、彼に没薬の入っ
た酒を与えようとした。しかし彼はそれを受けなかった。24 そして彼らは、彼を十字架に付け
る。そして、誰が何を取るか籤《くじ》をひきながら、彼の衣服を分ける。25 彼らが彼を十字架に付けた

ときは、第三刻であった。26 そして彼の罪状をしるした捨て札には、「ユダヤ人どもの王」と書
いてあった。27 そして彼らは彼と共に二人の強盗を、一人をその右に、一人をその左に、十字架
に付ける。
29 すると、通りすがりの者たちは、頭を振りながら彼を冒瀆して言い続けた、「へぇー。……
30 十字架から降りて、自分自身を救ってみろ」。……32 ……彼と一緒に十字架に付けられた者
たちも、彼を罵《ののし》った。
＜イエスの最期＞33 さて、第六刻になると闇が全地を襲い、第九刻に及んだ。34 そして第
九刻に、イエスは大声で叫んだ、
「エロイ、エロイ、レマ、サバクタニ」。
……35 すると、かたわらに立っていた者のうち何人かが、これ
を聞いて言い出した、「見ろ、エリヤを呼んでいるぞ」。36 そこ
である者が走って行き、［そして］海綿を酢で満たした後、葦の
先につけ、彼に飲まそうとして言った、「エリヤがこいつを降ろ
しにやって来るかどうか、見てやろうではないか」。37 しかし
イエスは、大声を放って息絶えた。
38 すると神殿の幕が上から下まで、真っ二つに裂けた。

イエス磔／ペルーのエデルベルト・メリダ作

……
40 さて、……マグダラの女マリヤ…（?）…は見ていた。……
〈埋葬〉42 ……その日は準備日……であったので、43 立派な議員でアリマタヤ出身のヨセ
フ……がやって来て、勇を振るってピラトゥスのもとに来て、イエスの体を下げ渡してくれるよう
に願った。44 ピラトゥスは、イエスがすでに死んでしまったのかと驚き、百人隊長を呼んでイエ
スがすでに死んでしまったかどうか、たずねた。45 そして百人隊長からその通りであることを聞
き知って、ピラトゥスは死体をヨセフに与えた。46 そこでヨセフは亜麻布を買い、イエスを降ろ
して亜麻布でくるみ、そして岩に掘ってあった墓に彼を納めた。そして墓の入り口に石を転がして
おいた。
47 また、マグダラの女マリヤとヨセのマリヤは、彼が納められた場所を見ていた。
（〈復活宣言〉一六1 さて、……マグダラの女マリヤとヤコブのマリヤとサロメは…2 …
週の初めの日、…日の昇る頃墓へ行く。3 …4 そして目を上げて見ると、なんとその石がすで
に転がしてあるのが見える。……5 そして墓の中に入ると、彼女たちは白い長衣をまとった一人
の若者が右側に座っているのを見、ひどく肝をつぶした。6 すると彼は彼女たちに言う、「〔その
ように〕肝をつぶしてはならない。あなたたちは十字架に付けられた者、ナザレ人イエスを探して
いる。彼は起こされた、ここにはいない。見よ、ここが彼の納められた場所だ。7 ……」。8

しかし、彼女たちは外に出るや、墓から逃げ出してしまった。震え上がり、正気を失ってしまったからである。……）

二・3　特質

二・3・(1)「復活予告」の欠如

二、三の点に言及しておきたい。まず、この物語においては、イエス自身による彼の「復活予告」がまったくない。一四57および一六8bの「起こされた後、先にガリラヤに行く」という句は、明らかにマルコの編集句だからである。そのため、直線的にイエスの没落が描かれていることになる。また、マルコ福音書前半の、力あるイエスの姿の「助走」がないために、マルコ福音書ほど鮮明な逆転性は出て来ないが、それ以外は基本的にマルコ福音書について言ったことがここでも当てはまる。マルコはイエスの死の悲劇的把握を前マルコ受難物語に負っていると考える所以である。

ただし、ここに掲げた前マルコ受難物語も、その伝承の原初の形ではないであろう。これ以上分析解剖しても恣意的になりすぎるのでやめるが、ただ二つだけ、いっそう古い段階の存在を示唆する点があることは指摘しておこう。

二・3・(2) より古い受難物語

a 「苦難の義人」の像を基に

一つは、前マルコ受難物語の中で、マルコ福音書の数え方で言えばその一五章において、いわゆる「苦難の義人」の映像をもとにイエスを描写する句が集中する事実である。「苦難の義人」とは、旧約の詩篇の中で、ゆえなくして病や迫害の苦難に遭遇する義人たちの苦悩の声を伝える詩篇であり、詩篇二二篇、四一篇、六九篇などさまざまに存在する。旧約聖書中、いわば「悲劇的」感覚に満ちた詩篇群である。その中でも、マルコ一五章には詩篇二二篇との響き合いが圧倒的に強い。具体的には次の諸句が問題となる。

マルコ一五24a（「そして彼らは、彼を十字架に付ける」）
／詩二二17（「さいなむ者が……獅子のように私の手足を砕く」）
マルコ一五24b（「そして、誰が何を取るか籤をひきながら、彼の衣服を分ける」）
／詩二二19（「彼らは……私の着物を分け、衣を取ろうとして籤をひく」）
マルコ一五29（「すると、通りすがりの者たちは、頭を振りながら彼を冒瀆して言い続けた」）

／詩二二8（「私を見る人は皆、私を嘲笑い、唇を突き出し、頭を振る」）

マルコ一五34（「わが神、わが神、どうして私をお見棄てになったのか」）

／詩二二2の直接引用
マルコ一五36（「そこである者が走って行き、［そして］海綿を酢で一杯にした後、葦〔の先〕につけ、彼に飲まそうとした」）

／詩六九22（「人は……渇く私に酢を飲ませようとする」）。


とすると、マルコ一五章の背後には、受難死を遂げるイエスの姿を、悲劇的「苦難の義人」の肉化したものと解するいっそう古い伝承が潜んでいる可能性が見えてくる。そもそもマルコ一五章は、イエスのゴルゴタ死の描写を中心としているが、受難物語なるものの核心はやはりイエスの死の場面であるから、マルコ一五章に最古の伝承が潜んでいるとしてもそれは理の当然であろう。

b　「復活宣言」欠如の可能性

次に指摘できることは、「復活宣言」を告げるマルコ一六1-8は、おそらく最古の伝承層には存在しなかったと思われることである（したがって、前記の再構成のテキストでは、一六1以下をカッコに入れておいた）。これは、現行テキストにおける埋葬の記事（一五42-47）の最後の女性たちの名前（47節）がその次の句、つまり「復活宣言」の場面の冒頭句（一六1）において部分的に繰り返されている不自然さがすでに示唆するところである。すなわちここには二次的な縫合の跡がある。また一六章が、相対的にではあれ、独立した伝承として成立可能と思われる点も、上の結論を支持するであろう。

注　ただし一六章を付加したのはマルコ自身ではない。それは、マルコからは独立したヨハネの受難物語にも、すでに「空の墓／復活宣言」の記事が存在している（ヨハネ二〇1-10）ことからわかる。逆に言えば、復活を宣言する空の墓の記事は、最古の受難物語がマルコ方面とヨハネ方面に分岐する以前に受難物語伝承に付加されたと言えるであろう（ちなみに、ヨハネ方向に発展した受難物語は、前マルコ受難伝承やマルコの受難物語描写よりもより悲劇性の少ない形に展開していると思われるので、ここでは取り扱わない）。

そうすると興味深い可能性が浮上する。前マルコ受難物語は、より古い段階では、イエス復活の宣言もなく、その埋葬の場面で終結していたという可能性である。そうであれば、この段階では、イエス没落の悲劇性が最も赤裸々に描かれていたことになろう。

二・3・(3)　前マルコ受難物語の成立について

それにしても、前マルコ受難物語は、なぜこのような、非情とも思われる性格を持っているのであろうか。もちろん作者（たち）も、この描写の前提として、イエス苦難の背後に神がおり、イエスは決して神に呪われたのではなく、神に「起こされた」（すなわち「復活させられた」）という確信は持っていたはずである。それがなければ、原始キリスト教の枠内では、このような描写行為そのものがなされ得なかったであろう。しかしながら、この作者（たち）は、いわば「復活顕現」も「復活宣言」もない物語がもたらす悲劇的衝撃の中にこそ、「復活」の事柄のヌミノーゼ的核心がむしろより強く再現《ミメーシス》されると直感していたのではないかと思われる。したがって、この彼らの文学表現を動機づけたのは一つの悲劇的直観である。ここでは悲劇的なるものを受容する意志と、悲劇を超えるものへの確信が、不可分に一体となっているように思われる。

　福音書記者マルコは、伝承として彼のもとに到来したこうした受難物語の文学的方向を感得し、それを福音書の基本コンセプトの一つとして大幅に肉付けし、展開する形で全体を描いたことになる。

　それでは、こうした前マルコ的受難物語の古層の作者（たち）とは、いったい誰であろうか。どのような状況のもとに自己を見ていた人々なのであろうか。こうして私たちは、マルコ福音書の文学的系譜を追跡しながら、それよりも遥か以前の、原始キリスト教のほぼ最初期の人々のあり方に接近していくことになる。

第三章　原始キリスト教における「悲劇的なるもの」の発現

一　歴史における「悲劇的なるもの」

私たちは、マルコ福音書と前マルコ的受難物語とを中心に扱いながら、原始キリスト教の中で文学的に表現された「悲劇性」を見てきた。しかし今、文学の次元をいくらか超え出て、それらの背後にあった「悲劇的事件」とでもいうべき歴史の次元を扱わねばならない。

確かに、「悲劇」とか「悲劇的」とかいう言葉は、狭義の文学作品の次元を超えて、広く比喩的に——日常生活や歴史の次元でも——用いられている。この関連で、ドイツ語の「物語」という言葉「ゲシヒテ」（Geschichte）は興味深い。これは「物語」と同時に「歴史」をも意味する。つまりこの語には、現実の中で展開された事態と文学的創作の世界での事態の間が、基本的には融通無碍《ゆうずうむげ》であることを示唆している。アリストテレスも、「悲劇」を根本的に現実の「ミメーシス／再現、描写、模倣」と規定していた。すなわち文学作品は、私たちの生の現実の解釈的再現なのである。アウアーバッハもその古典的名著に『ミメーシス』という名を与え、「文学的描写」は「『模倣』による現実の解釈」である（下巻、四七七頁）と言い切っている。もちろん、そのように「解釈」され、「再現」されることによって、その作品自体が逆に一つの独自な「現実」を創作するように働くことを否定するものではない（私はこれをドストエフスキイで思い知った）。しかし、その創作現実も、やはり私たちの生の現実の実相ないしは潜在相を描出したものであることは否定できない。ということは、これまでの悲劇性に関する議論は、文学的表現世界の枠を超え、現実理解のよすがにもなり得るということである。

それでは何が「悲劇的出来事」と言えるものか。それは、先に挙げた悲劇的文学作品の定義から、次のように想定することができるであろう。

a　構成論的要素

ある人物（ないしは人物たち――以下同様）の運命の「逆転」、その人物によるその「認知」、そしてそれに伴うその人物の「苦難」によって刻印された出来事。

b　受容論的要素

その経過を見知った者が、当の人物に共鳴することにより、「恐怖」と「心痛」の衝撃に遭遇し、現実のより根源的な認識に導かれる出来事。そして更に、しばしばそのことでかえってその現実に向かう勇気を与えられ得るような出来事。

現実の世界は創作された作品ではないのであるから、始めと終わりを持つ完結された創作物、というわけにはいかない。ただ、ある悲劇的事件の展開が、その極点を経て実質的な終結点に達することはあるであろう。ただしその際も、「極点」に達し、かつ「終結」点を超えたか否かは、誰かが客観的に判断するわけではなく、それに関わった者の自然な感性の示すことであろう。私たちはよく、ある事件に出会ったり、ある人物の死を聞き知ったとき、「これで一つの時代が終わった」とか、「一時期が終わった」と感じることがある。そのような感覚がここでは問題となろう。

また更に、現実の事件においては、登場人物と観客の差が、原則的に存在しないという重大な点が存在する。ある事件に対して、自分は観客でしかないと思っていても、その実、いつでも何らかの形でその事件に関わり得る、ないしは関わりかねないのが現実である。誰しもが何らかの意味で登場人物たり得るのである。しかしまた同時に、複数の登場人物がいれば、その中の各々が互いに対して観客でもあり得るのである。ということは、ある事件にのっぴきならない形で関わりながら、その事件から——あたかも「悲劇」の観客が経験するように——強烈な衝撃を覚えることもあり得るのである。また逆に、ある事件から強いショック作用を蒙りながら、自らもその事件の当事者の一人であるということもあり得るのである。これを要するに、現実の事件においては、「構成的要素」と「受容論的要素」は互いに浸透し合うということである。

このことは同時に、ある特別な要素に関する考察を迫るものである。それは、悲劇的「作品」は基本的に虚構であるという事実に関連する。確かに「ヴァーチュアル・リアリティ」性が芸術の本来の場であり、それが持つ力は巨大であることを私たちは銘記した。しかしそれでも、自分が舞台上で没落していく者に共感する観客なのか、それとも現実に本物の没落事件に遭遇してしまった当事者ないしは関係者なのかでは、やはり真剣さの意識に決定的な差があると言わざるを得ない。

現実とは恐ろしいものである。現実の中で生起する「悲劇的」な事件は、必ずしもそれに関わった者に「勇気」を与えるという具合に展開するとは限らない。つまり、「受容論的」要素が常に発動する、ないしはそれが理想的に展開するという保証はないのである。あるいはそうなるにしても、幾重もの年月を要する場合がある。アウシュヴィッツなどの極限体験をした人々の中には、フランクル（Victor Frankl,『夜と霧』などの著者）のようにいっそう深い人間知と勇気を得た人もいれば、いまだにこの惨劇の呪詛に支配された、ないしは――レーヴィ（Primo Levi, 1987年自殺）のように――その支配の下にあえて生命を絶った人々もいる。ここに文学の世界と現実の世界の差違がある。現実は底知れないものである。上記の「受容論的」側面の説明において、「しばしばそのことでかえってその現実に向かう勇気を与えられ得るような出来事」と規定したのは、そうした複雑困難な現実のあり方を考慮に入れたものである。

二 イエスの十字架事件

二・1 イエスの生涯の概略

私たちは、イエスの生涯を歴史的に正確にはもはや知り得ない。それは彼の公活動以前の資料がないに等しい上、公活動以後の福音書の記述も、一定の観点から形成された伝承を改めて編集し直したものだからである。しかしながら、歴史学的吟味を通せば、その生涯の大要を次のように理解することは許されるであろう。

イエスは当時のイスラエルの地の北部、ガリラヤ地方の小村ナザレを故郷とする。おそらく誕生したのも、伝説的伝承で語られているベツレヘムではなく、この同じナザレであろう。生年は紀元前四年以前、父の名はヨセフ、母はマリヤ。父は「大工」、すなわち木材加工業の職についていた。イエスは数人の兄弟姉妹たちの（マルコ六3）、おそらく長男として誕生、その後ユダヤ人の慣習に従って父の職を早くから学んだと思われる。しかし彼がおそらくはまだ十代であった頃、父が亡くなった形跡がある。その後、一家を支えてきたであろう彼は、三十数歳頃、ヨルダン河流域にヨハネという人物が現れるや、大きな転機を迎える。このヨハネは、やがて来る世の終りを告げ、その審きから逃れる唯一の道として罪の告白を求め、また罪の赦しの「バプティスマ」（洗礼、正確には浸沈礼）を施していた（マルコ一4、マタイ三7－12、ルカ三7－9、16－17）。イエスは家族を放擲《ほうてき》してヨハネの許に赴き、やがてヨハネが逮捕・処刑されるまで、その許にとどまったものと思われる。しかしその後彼は、ヨハネと大きく異なる形式で独自の活動を開始した。

映画『ジーザス・クライスト・スーパースター』より。

イエスは、「神の王国」と呼ばれる（おそらくヨハネも語った）将来的・超越的現実がすでに開始したという時間認識を基本的なヴィジョンとしている。それを彼は言葉で説くだけではなく、行動で先取り的に具現していった。つまり、当時の社会・宗教観念からすれば没落者であり被差別者でしかなかった人々――乞食、売春婦、徴税人、重病人、いわゆる「罪人」――と積極的に交わり、お互いが裸の心で飲み食いし、癒し合い、交流できる一種の「祝祭」空間を恒常的に造っていったのである。これは良識ある人々からすればほとんどスキャンダル的行動であったが、当の没落者・被差別者たちからは驚異と熱狂をもって迎えられた。この彼を、いわば救世主的期待――「メシア期待」という――で受け入れた人々の中には、彼の活動により積極的に賛同し、自ら彼と同じ宣教の活動に出る者も不特定多数現れた。これを一般に直弟子たちと呼ぶ。

この彼の無差別的平等空間を造る活動は、同時に社会の既成構造を保全しようという人々に対しては本質的に批判的機能を発揮する。それに加えてイエスは、紀元三〇年頃の春、過越の祭に際してエルサレムに上り、当時の社会体制の頂点をなしていたエルサレム神殿への鮮明な批判行動を行った。このため神殿体制の主たる担い手たちは危機感を覚え、イエス抹殺を決意する。やがてイエスは逮捕され、死罪に定められ、当時のユダヤの支配権威であるローマ側に対ローマ反逆罪で引き渡される。ローマ側は、ユダヤ側の告訴を了承し、イエスを対ローマ国賊用の十字架刑に処したのである。

二・2　悲劇的事件としての十字架事件

イエスの十字架事件が一つの悲劇的事件であったことは、否定できない。

イエスが処刑されたとき、彼の弟子たちや民衆が彼を奪還するために立ち上がったとか、彼と一緒に逮捕されて処刑されたという記事は存在しない。それどころか、直弟子たちは皆イエスを捨てて逃げたという（マルコ一四50、マタイ二六56）。この記事は、原始キリスト教会を当初担った者たちにとって恥辱にこそなれ（だからルカとヨハネ福音書には当該記事がない）、決して喜ばしいことではないために、後代の創作ではあり得ず、間違いない史実である。したがって、当初は民衆や弟子

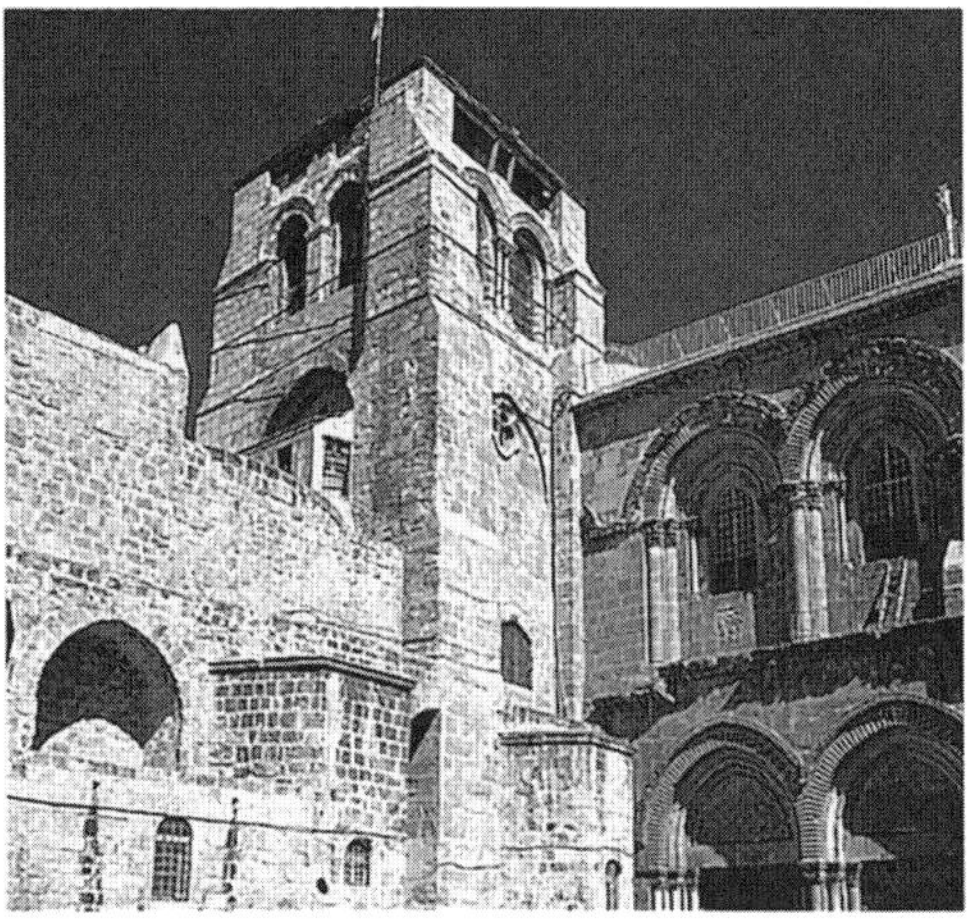
ゴルゴタの丘の跡に建てられたとされる聖墳墓教会

たちに熱狂的に迎えられたイエスが、最後には一人で惨死していくという運命の悲劇的「逆転」は、誰の目にも明かであろう。

また、イエスが最後にどのような運命「認知」に至ったか、われわれには史的には確認し得ないが、とにかくも十字架の宿命が彼にとって異様なまでの「苦難」であったことは、福音書だけでなくそれ以外の資料からも瞭然としている（ルカ一二50、ヘブライ一二3、一三12-13、フィリピ二8）。

これだけでもイエスの十字架事件の悲劇性は十分想定できよう。加えて、弟子たちは、そのイエスの悲劇に直面させられただけでなく、おのおのイエスを裏切って逃げたことにより、自ら悲惨な第二の「悲劇」を演じてしまったことになる。この悲劇の二重性は、文学作品としてマルコ福音書が示している構成と基本的に同一の事態であったと思われる。

このとき弟子たちがどのような状況に陥ったかは、諸福音書にはそれを具体的に描写する記事が乏しいだけに、史実的に確定はできない。ただし、このような心的状況はそもそも史実的・客観的次元で確定できるものでもない。ある人物が歴史的状況で陥った「絶望」を理解するとしたら、それは心理的・文学的・主観的要素を考慮せずにはあり得ない。その意味では、マルコ福音書における、イエスを裏切って慟哭《どうこく》するペトロの記事は、弟子たちの内的姿を象徴的に再現するものとして、参照され得るであろう。要するに直弟子たちは、イエスの悲劇の「観客」にならざるを得なかったと同時に、自らイエスを失い、またそのイエスを裏切ったことにより、彼ら自身が第二の「悲劇」の主役という奈落に落ち込んだのであろう。彼らのそれまでの予想を決定的にくつがえす「逆転」の発生であり、同時にこれまでの自己理解を瓦解さす現実の「認知」と「苦難」との到来であろう。これはきわめて深刻な「悲劇の二重化」の実例である。

注　繰り返しておくが、イエスの「直弟子たち」とは厳密に言えば不特定多数いたものと思われるが、この関連の「直弟子たち」とは、たまたまイエスの最後のエルサレム上京（あるいは最後の夕食の席）に従って来た小グループを何よりも念頭においている。彼らは伝承によれば「十二人」と呼ばれ、後の「エルサレム原始教会」の最初期の構成メンバーとなった者たちであり、その代表人物はペトロである。

二・3 「イースター事件」

しかし、イエスの十字架事件はイエスの滅亡と直弟子たちの絶望では終わらなかった。「悲劇」自身がその次の地平を開いていったのである。この事件の後、幾日も経たないうちに、異様な事件の連鎖が直弟子たちに発生した。これを今、「イースター事件」と総称し、その経過の大筋を想定してみよう。

二・3・(1) 直弟子たちの「負い目」

逮捕されていくイエスから逃亡した直弟子たちが、直後のイエスの十字架刑――当時の人々にとっての十字架の恐ろしさはすでに言及した――に遭遇したとき、単に自分たちの夢が破れたという落胆や絶望を遥かに越えて、滅びの呪いに沈んだイエスに対する巨大な「負い目」、ほとんどパニック的な「罪責」感が彼らの中に発生したと思われる。彼らがイエスの悲劇を前にして覚えた自己認識の根源は、ここにある。

加えて、彼らは、十字架で息絶えたイエスを葬ることもできなかった。以前に述べたように、十字架刑に処せられた者は、通常埋葬されない。イエスを裏切った直後の直弟子たちが、自分たちの

いわゆる「園の墓」

先ほどの非情さを多少とも悔いた徴を示すとしたら、それはイエスの遺体を手厚く葬ることであったはずである。ところが、伝承によれば、イエスを葬ったのは「議員でアリマタヤ出身のヨセフ」（マルコ一五43）であった。「議員」とは、イエスを抹殺した最高法院のメンバーということであり、このヨセフはおそらく「長老たち」という、大土地所有者の身分の者であろう（私はこの「ヨセフ」を架空の人物とは見なさない）。すなわち、イエスの敵であったグループの一人である。この者が、イエスの一味とされて処罰される危険をも顧みず、「勇を奮って」（マルコ一五43）総督ピラトゥスの許に行き、イエスの遺体の引き取りを願ったという。こうしてイエスは、かろうじて無事埋葬されるに至った。しかしこの報知は、逃げ果てた直弟子たちの負い目と恥辱感を、いっそう深めることにしかならなかったのではなかろうか。

二・3・(2)　遺体消失

これに加えて、更にある奇怪な事件が起こる。イエスの死後、二、三日して、彼の墓からその遺体が紛失したのである（カンペンハウゼン『空虚な墓』参照）。マルコ一六1-8の記事の前提となっているのは、この事件である。いったい何が起こったのか、歴史的には確言できない。これを一般のユダヤ人たちがどう解釈したかは、マタイ二八11-15が伝えている。つまり、イエスの弟子たちがイエスの死体を「盗んだ」と理解したのである。「そこでこの噂は、ユダヤ人たちの間で今日まで言い広められている」（マタイ二八15）――つまりそれは、マタイ福音書成立の時期（紀元八〇年代）まで続いている噂であった。他方、イエスの弟子たちは、ことによるとイエスの敵対者たちが――十字架に付けられた者がまともに葬られたのに憤慨してか――その死体を拉致したのではないか（ヨハネ二〇2．13．15）と思ったのかも知れない。そうであれば、イエスの死体は陵辱され、埋葬されずじまいになり、結局怖ろしい呪いの中に再び引きずり戻されることになる。これはまた、彼らにとって新たなパニックの波であったに相違ない。

二・3・(3)　「絶対」の体験とその表象化

この時点で、多くの直弟子たちのこれまでのヴィジョン、あるいは世界理解の「パラダイム」は完全に瓦解してしまったと想定してよいのではなかろうか。しかし、この崩壊現象の果てで、幾人かの直弟子たちにある不可思議な、新しい事件が起こったのである。

おそらくそれは一つの宗教的神秘体験と呼んでよいであろう。それまでの自己と世界の理解が崩壊し、一切が白紙化するとき、場合によって人は逆に全く新しい全体理解に突如として飛躍することがある。絶体絶命の底で、かえって逆説的に全然別の地平が開くことがあり得る。ここで直弟子たちに訪れたのは、そのような土壇場での認識の逆転変貌の出来事だったようである。

その内容をあえて一般的な言葉で表せば、「絶対的ないのち」、あるいは生と死の境が揚棄された「いのち」の体験とも言えるであろうか。しかしこの体験は、彼らのそのときの状況と、彼らの一般的なユダヤ教的概念性の枠の中で——いわば無意識的に——表象結晶化し、「イエスが顕れた」（1コリント一五5）という言葉となって噴出した。

注　私見では、パウロが引く1コリント一五3-6の古い伝承文の中でも、5節の「（彼は）顕れた」が最も古い要素である。後になって、3-4節が加わったことに関しては後出。——ここからわかることは、この「顕現」という表象自体、すでにイエスの死体がそれ以前に消失している事実を前提にしていることである。イエスが「顕現」したといっても、目前にイエスの死体があるとなれば、心身一如を常識とし、魂と身体を分離させないユダヤ人同胞にとっては説得力をほとんど持たないであろうからである。つまり、いったん「消えてしまった」「死者」イエスが、新たないのちの姿で「顕現」したというのである。

二・3・(4)　「赦し」の体験

更になお重要なことに、直弟子たちはこの体験を、自分たちの罪悪へのイエスの「赦し」として体験した。一般的には、このように死んだ者が「顕れ」たなら、それは生者への復讐ないしは処罰――日本的に言えば「祟り」――のためと解されても不思議はない。しかしこの解釈は生じなかったように思われる。なぜかは不明である。もしかしたらそれは、直弟子たちの目には、生前のイエスの姿が、呪詛や祟りとは全く無縁の慈悲の主体として映っていたせいかも知れない。

誰がこうした顕現体験を最初に持ったかは、福音書伝承（具体的にはマタイ福音書とヨハネ福音書）と福音書外伝承では報告が異なる。前者ではマグダラのマリヤ（およびその他の女たち）であり（マタイ二八9－10、ヨハネ二〇11－18）、後者では、男弟子のペトロである（1コリント一五5、なおルカ二四34も参照）。どちらにしろ、イエスの悲劇のごく近くにいた人物たちであり、特にペトロは明確にイエスを裏切っていたことが注目される。この後、この「顕現体験」は側近の弟子たちの間で雷撃的に繰り返されたように書かれている。ペトロに続いて、同じく逃げ果てた「十二人」に現れ、かつ「五百人以上の弟子たち」にまで現れた、という（1コリント一五5－6）。私にはこの点の信憑《しんぴょう》性を確かめるすべはない。頭から否定はできないが、同時にここにはすでにある種の理想化が進行して伝承化されたようにも見える。もしそうならば、ごく少数の者が先ほどのような体験をし、その話が説得力を持って他の多数の弟子たちに受容されたことになろう。僅少の「顕現体験」から、より一般的な「顕現信仰」が成立したことになる。やがて「顕現体験」の表象自体が、「五百人以上」というような大きな概数に拡大適用されていったのかも知れない。

二・3・(5)　イースター体験の更なる表象化

そしてこの事態が更に解釈されていく。つまり、イエスの死体が消滅し、その後、直弟子たちに「顕現」したのであるから、そのイエスは神によって「天に挙げられた」（高挙）ものとされ、また、「神がこれを死者たちの中から起こした」ものと捉えられていく。そのうち特に後者の理解がより一般化し、「起こし」すなわちいわゆる「復活」として人々の間に広まっていくのである。

注　では、もしイエスの死体がなくならなければ、「復活」はおろか、「顕現」もなかったのであろうか。私にはそのように言う自信はない。むしろイエスの死体がなくならなくとも、事件の悲劇性の力性からして、何かが生じた可能性は否定できない。しかしその際には、「顕現」とか「起こし」（復活）とかいう表象にはならなかったであろう。ユダヤ人の間のことである限り、死体が目の前にあるのにすでに「復活」した死者のことを信ずるのはほぼ不可能に近いからである。むしろ、「神」中心の表象となり、神が顕現してイエスの義を証する、あるいは彼の終末における「復活」を約束する、などの表象内容となった可能性があろう。

二・3・(6)　イースター体験の悲劇「受容論的」側面

とにかくも、こうして弟子たちはもう一度、生きていく可能性を与えられたことになる。以上のような歴史再構成が事態に即しているとすれば、これはおおむねこれまで私たちが見てきた悲劇の受容論的逆説――カサルシス――の発現の一例であるとみなすことができる。イエスの十字架刑の悲劇に図らずも自ら責めを負う形で巻き込まれた直弟子たちに対し、その「痛み」と「恐れ」の衝撃の果てで一つの認識が到来し、そうして逆説的にも生への新たな勇気を与えられるに至ったことになる。しかしながら、ことはここで私が言うほど速やかに、理想的に運んだわけではないように思われる。

ここに、芸術と現実の位相の落差がある。悲劇芸術の空間において生じたことならば、観客はその作品の提示が終了した後、深いカサルシス体験の中にその場を去ることができる。しかし現実の空間においては、そう単純に「その場を去る」ことができない。確かに、生じた事件と直接関係がない人々や、興味本位の野次馬ならば、胸を打たれつつ、その場を去っていける。「この光景を見ようと集まって来ていた群衆は皆、起こったことを見やり、胸を打ちつつ帰っていった」（ルカ二三48）と言われる通りである。しかし、その事件と直接の関係を持ってしまった者たちにとっては、ことはそう簡単に運ばないのである。

私は、現実の「悲劇」に巻き込まれた者にも、「衝撃――認識――勇気」というモメントに契機づけられた「カサルシス」体験が生じ得ることを否定しない。「悲劇的なものの背後にまで突き抜けて」（ヤスパース『悲劇論』一〇二頁）いくことは可能であり、だからこそ、本質的に現実の「模倣」としての芸術が成立可能なのである。しかし現実の場合は、二つの点で芸術の場合とは異なる。一つは、現実の悲劇と出会った者は、「カサルシス」に達するまでに、相当の「時」の経過が必要であり、その間、その事件の実相と主体的に、重く苦しい対決を経なければならない。もう一つは、そうした事件に遭遇した者全員が、時がたてば機械的に「カサルシス」に至るのではないこと、その事件の奈落に呑み込まれたままで果ててしまう者も数限りなくいるという、すでに示唆した哀しい事実が存在することである。

二・4　「喪の作業」としての原始キリスト教の成立

今述べたことのうち、前者にまず注目してみよう。直弟子たちは、「イースター体験」を得た後、あるいはそうした体験を得た者たちのメッセージにふれて「イースター信仰」に至った後、すべて直ちに問題が解決したわけではない。むしろこの時点から、彼らのいわば「喪の作業」が始まったのであり、それを相当の時をかけて通り抜けて始めて、イエスの悲劇の衝撃と悲哀をおおむね乗り越えることができたものと思われる。

二・4・(1)　「喪の作業」

「喪の作業」（Trauerarbeit/mourning work）とは元来、精神分析学の開拓者フロイト(Siegmund Freud）が使用した言葉である（Trauer und Melancholie〔1917〕、邦訳「悲哀とメランコリー」『フロイト著作集6』一三七〜一四九頁、なお訳者はTrauerarbeitを「悲哀の作業」と訳す）。小此木啓吾『対象喪失』はこれを受け、「悲哀」という邦語を深刻な「対象喪失」の結果生じる心的状態一般に適用し、「死に別れによって失った対象に対する悲哀の仕事を、とくに『喪の仕事』と呼ぶことにする」（一〇〇頁）、としている。すなわち「喪の作業」──「仕事」よりは「作業」の語が適していよう──とは、親しい人が死んで失われてしまった現実に向き合い、それを何としてか乗り越え、均衡のある生活を再獲得しようとする人間の心的作業のことである。私たちの言葉で言えば、「悲劇」的現実を単に見るだけではなく、同時に自らそれに深く巻き込まれて第二の悲劇的現実に化してしまった者が、その喪の心痛と恐れとをやがて乗り越え、生への勇気を再獲得して最終的カタルシスに到達するまでの悲しみの内的作業のことである。私は以下において原始キリスト教の最初期を心理学的に説明するに当たり、この「喪の作業」という概念を援用し、直弟子たちの心的状態に迫ってみようと思う。

三・4・(2) 悲哀のゆえの集結

確かに、「イースター体験」やそれに由来する「イースター信仰」は、直弟子たちに再び立ち上がろうとする最初の契機を与えたであろう。これがなければ、裏切ったペトロなどの直弟子たちは、そもそも立ち直れなかったのではないかと思われる。しかし、それで彼らの悲哀と重い負い目の意識が消滅してしまったわけではない。イエスが「顕現した」と言っても、やはり肉体的にはイエスは去っていってしまったのである。それも彼らゆえに。この悲哀がいとも簡単にバラ色の「復活の喜び」などに変ずるはずがない。また、イースター体験を「赦し」ととらえたとしても、それで負い目の意識が雲散霧消するものではない。むしろ、赦されれば赦されるほど深まる負い目意識も存在するのである。

ここに直弟子たちが再び集結した心理的根拠がある。つまり、互いの悲哀を支え合うためである。イエスを裏切って殺してしまったような体験を持つ者は、一人では自己を支えることができない。悲哀は、同じ悲哀を自ら通っている者たちの中で受け止められて慰められる。その人はこうしてようやく立っていけるのである。

この集まりの中から、自分たちの負い目に対する「償い」の行為が、「喪の作業」の重要な部分として開始される。今それをいくつかの点において跡づけてみよう。

二・4・(3)　償いの業

a　イエスへの「キリスト」告白

私たちは、亡くなった人への思慕がつのると、その人を理想化せずにはおれない心を知っている。私たちの一般生活の次元でもそうであれば、ましてや亡くなった人が非業の死を遂げ、その死が自分たちによって誘発されたことを思い知ったときはどうであろうか。そのための悔やみの心は、亡くなった人を最大に理想化せざるを得ないであろう。イエスが直弟子たちによって「キリスト」すなわち「メシア」という当時のユダヤのほぼ最高の称号を与えられるのも、イエスの惨死への直弟子たちの罪悪感のなせる業である。

こうした心の軌跡を示す典型的な話がある。これは「呉鳳の物語」といい、私はかつて他の文章の中でも引用したことがあるが、今この文脈で再度引いておこう。これは戦前の『小学校国語読本・第八巻』（一九三六年）に載っており、戦後再刊されている（海後宗臣・仲新〔編〕『日本教科書体系・近代編8・国語〔5〕』）。もっともこの話は、台湾に日本が侵攻したとき、その行為の正統化のために使われた経緯があり、必ずしも抵抗なしに引用できるものではない。しかし物語自体の傾斜は、決して日本軍の傍若無人と非人間性を弁護するものではないので、あえて掲げることにする。

「台湾の蕃人には、もと、人の首を取ってお祭りに供える風があった。阿里山蕃の役人になったばかりの呉鳳は、何とかして、自分の治める部落だけでも、この悪い風習をやめさせようと思って、いろいろ苦心をした。『人を殺すことは良くないことである』。こう言って呉鳳は、しばしば蕃人に説き聞かせた。しかし、お祭りが近づくと、蕃人はぜひ首を供えねばならないと申し出た。呉鳳は、『去年取った首があるはずだ。いったい幾つあるのか』。『四十余りあります』。『それではその首を大切にしておいて、これから毎年一つずつ供えることにするがよい』。蕃人はさとされてしぶしぶ引きさがった。呉鳳は元来情け深い人で、蕃人を非常に可愛がったから、蕃人も次第になついて、後には呉鳳を親の如くしたうようになった。こうして、阿里山蕃だけは、しばらく首取りのことも止んで平和が続いたが、外の部落では、毎年祭りがある度に首を取って供えていた。それを見るにつけ、聞くにつけ阿里山蕃の蕃人は心を動かされた。

四十余年はいつの間にか過ぎて、もう供える首が一つもなくなった。『今年こそは新しい首を供えなければならない』というので、蕃人はそのことを呉鳳に申し出た。呉鳳は、『もう一年待ってくれ。人を殺すのはよくない』となだめた。翌年も翌々年も同じことが繰り返された。蕃人は、そろそろ呉鳳の心を疑うようになった。そうして、四年目には、もうどうしても呉鳳の言うことを聞こうとはしなかった。『それほど首が欲しいなら、明日の昼頃、赤い帽子をかぶって、赤い着物を着て、ここを通る者の首を切れ』と呉鳳は答えた。翌日、蕃人どもが役所の近くに集まっていると、果たして赤い帽子をかぶり、赤い着物を着た人が来た。待ちかまえていた彼らは、忽ちその人を殺して首を取ってしまった。意外にも、それは呉鳳の首であった。親のように慕っている呉鳳の首であった。蕃人どもは声をあげて泣いた。

彼らは呉鳳を神に祭った。そうして、それ以来、阿里山蕃には首取りの悪風がふっつりとなくなった。」

注目されるのは、最後の文章である。「彼らは呉鳳を神に祭った」、という。彼らからすれば、こうする以外、自分たちの罪責感を表現できなかったのである。同じことがイエスの「キリスト化」にも言えるであろう。直弟子たちは、あのようにイエスを理解する以外なすすべを知らなかったと言ってよい。それは決してイエスをキリストとし、その背後で自分たちがその権威にあやかろうなどという意識のなせる業ではない。

b 「罪」告白――いわゆる贖罪信仰のはじめ

私たちは、自分にごく近しい人が死ぬと、程度に大小の差はあれ、悔やむ心を覚える。さまざまな反省にかられ、ああしてやればよかった、こうしてやればよかったと思う。はなはだしい場合は、いわば「自責の凍結状態」(ラファエル『災害の襲うとき』一七三頁)ともいうべき心的暗黒の中に落ち込んでしまう。フロイトに言わせれば、「自己非難とは愛する対象に向けられた非難が方向を変えて自分自身の自我に反転したもの」（前掲書、一四一頁）という。たしかに、亡くなってしまった人への恨みのごときものも背後では意識に影を落とし、私たちの抑鬱状態はいっそう深くなる。

イエスの直弟子たちの場合は、しかし、彼らがイエスを実際上裏切って逃げてしまったことにより、イエスへの罪責の感覚が恨みの感覚を圧倒してしまったと見るべきであろう。イースター事件が、こうした彼らの罪責への基本的な赦しを意味したとしても、彼らの生理感覚のレベルでは、決して手のひらを返したように安楽が訪れ、幸福感に浸れたものではなかったはずである。むしろ、先程述べたように、底なしに赦されるほどに、底なしに深まる罪悪感があり、理不尽な怯えがある。ここに彼らの悲哀の苦悩の根源があったと思われる。

彼らは、自分たちのこの払拭できない最悪意識を文字化して告白する。これがすでに引用した有名なケリュグマ文である。この文章は、使徒パウロが紀元五〇年代に書いた書簡（第一コリント書）の中に採録しているものであるが、その出自は古く、おそらくエルサレム原始教会の最初期にまで遡るであろうと思われる。

「キリストは、聖書にしたがって、私たちの〔もろもろの〕罪のために死に、そして埋葬され、そして聖書にしたがって、三日目に起こされ〔今に至っ〕た」（1コリント一五3－4）。

この文章では、イエスはすでに「キリスト」という称号で呼ばれている。二度ほど現れる「聖書にしたがって」という句は、いわゆる旧約聖書をさすが、具体的箇所は不明である。おそらく「神の意思により」ほどの内容であろう。この節は、イエスの悲劇死とそれが直弟子たちに受容論的にもたらした逆説体験を、「起こし」――すなわち私たちの言う「復活」――という表象で表現したものである。「起こされた」という動詞の受動形が、現在完了形であるのは、その結果としての影響が生々しく今にまで続いていることの証である。問題はこの中での「私たちの罪のために死に」の部分である。この「罪」は複数形であり、ユダヤ人特有の理解から「トーラー（律法）違反のさまざまな罪」を指すと一般に理解されている。しかしその際、何か抽象的な、漠然とした「罪」の行為が考えられているのではないであろう（定冠詞がついていることに注意！）。また、祭儀的なさまざまの不履行が意味されているとも思えない。そのために「キリスト」が死んだ、などと宣言されるというのも信じがたい。私には、このような言葉遣いの背景には、きわめて具体的に、直弟子たちのイエスの死に対する罪責意識があると思える。つまり、イエスに従い切れずに彼を裏切るに至り、殺してしまった直弟子たちの心痛が、「キリストは私たちの（もろもろの）罪のために死んだ」という表現形式を採らせているのであろう。

ここには、イエスへの負い目が疼《うず》いている。そして負い目の背後には、未だに癒やされ切らぬ怖れが潜んでいる。たとえ「イースター体験」を赦しと理解しても、全身全霊がそれによって真に癒やされ、怯えが消滅するまでは、長い「喪の作業」の時が要るのである。

更に言えることは、私たちが一般に「贖罪信仰」と名付けているものは——その代表的典拠がこの1コリント一五3とされている——、本来はそれ自体で完結した教義などでは全くなく、むしろ赦されたにもかかわらず消えゆくことのない罪責意識の吐露告白なのである。

c　新たな信従

直弟子たちは、イースター事件の後、改めてイエスに従おうとした。イエスの活動を、自分たちが理解できた範囲で継続しよう、つまりその衣鉢を継ごうと試みた。そのために彼らの中核部分は、エルサレムに集結してくる。自分たちの中でイエスの運命を考えた場合、「イエスは残念ながらあのように死んだが、自分たちは自分たちなのだからまた元来の生活に戻るにしくはない、再び漁民になって魚を捕って暮らしていこう」、とはなり得なかった。そのようなことをしたのでは、日本語で言えば、イエスに「申し訳が立たない」のである。これもまた、彼らの罪責意識のなせる業であり、この新たな信従の誓いによって、負い目を償おうとするのである。

こうした行為自体は、決して稀なことではない。私たちも、肉親を亡くした者がその遺志を継ぐという話はしばしば耳にする。以前は父親とも全く関係がなかった息子が、父の悲劇的な死の後、突然亡き父の衣鉢を継いで全面的な方向転換をしてしまった、という話はときどき聞き及ぶところである。死ぬことによって自分の中に「甦った」父の遺志は、もはや裏切ろうにも裏切ることができないのである。先ほどの「呉鳳の話」でも、「それ以来、阿里山蕃には首取りの悪習がふっつりとなくなった」という最後の一文が、同様の現実を表していよう。

注　もちろんこの際、直弟子たち、とりわけエルサレム原始教会がどれほどイエスの衣鉢を忠実に継ぎ得たか、ということは問題である。結果的にはイエスの意図したことの幾分の一も実現されなかったとすら言えるかも知れない。しかし今私たちが試みているのは、直弟子たちの心のあり方の心理学的再構成であって、歴史的成果の客観的な評価ではない。後者はまた別の観点から批判的に吟味しなければならないであろうが、現在の文脈ではその余裕がない。

二・4・(4)　イエスとの一体性の追求

「喪の作業」の代表的な心的作業の一つは、亡くなった人との同一化をはかり、それによってその人が喪失され、断絶されたという現実を乗り切っていくことである。私たちが亡くなった人の形見を整理したり、想い出をつづったり、その人と訪ねた場所をしばしば訪問したりするのも、同じ心理である。

イエスの直弟子たちは、どのようにしてこの面の「喪の作業」を行ったであろうか。

a　イエス伝承の形成

代表的な作業の一つは、イエスの伝承の形成である。イエスを回想し、そうすることによってイエスを再度記憶し、そのイエスの像に不断に現在に向かって語ってもらうのである。もちろん、イエスの伝承は、こうした心理的モチーフだけでできたものではないし、ましてや後日発展していくときには、さまざまなモチーフ――研究者が「生活の座」(Sitz im Leben) と呼ぶ、社会的「場」とそこにおける有用性――が大きな意味を持つ。しかし、彼らにとっての回想の動機は、決して副次的要因にとどまらないであろう。

この関連のイエス伝承中でも、最も重要なものは、イエスの「受難物語」であろう。とりわけマルコ福音書一四〜一五章に含まれている、イエス磔殺の次第を述べる物語である。

ここで私たちは、第二章の終わりに帰っていくことになる。私たちはマルコ福音書がきわめて悲劇的作品であり、そのマルコ福音書にそうした悲劇的観点を最も直接的に伝えたものは「前マルコ的受難物語」であろうと想定した。その「受難物語」の最古層が形成された場が、原始教会の直弟子たちの「喪の作業」だということである。

前述したが、受難物語の中でも最も古く、中核的な部分はおそらくイエスの磔殺場面である。そこでは旧約聖書詩篇二二編が大きな役を果たしている。イエスが、そうした詩篇に描かれている

「苦難の義人」の視点から見られ、その悲劇的相貌が独特の克明さで描写されている。私たちはここに、1コリント一五3以下の「贖罪」への言及がない、などといぶかる必要はない。イエスの滅びの悲劇を回顧的に詳しく描写する衝動と、イエスへの自己の負い目を言葉で直接的に刻みつける衝動は、同根のものであっても、常に同時に現れる必要性はないからである。

注　以上において私は、エルサレム原始教会とその周辺を念頭に置いて述べてきた。しかし「イエス伝承の形成」という主題であれば、ここでいわゆる「Q文書」についても一言述べなければならないかも知れない。Q文書とは――記号としてはドイツ語のQuelle（資料）の頭文字――マタイ福音書とルカ福音書にとって、マルコ福音書と並ぶもう一つの資料となった文書のことであるが、現存しないため再構成するしかないものである。その担い手としては、エルサレム原始教会からは相対的に独立した直弟子群の集団が考えられる。彼らの関心は、徹底的にイエスの衣鉢に忠誠を尽くし、イエスの言葉をイスラエルに再宣教することにあった。したがって幾多の「イエスの言葉」伝承がこの文書には収められている。加えて、Qの中には、イエスの惨死を示唆する言葉が少なくない。当時民衆の中には、預言者とは民に受け入れられず、悲劇的に惨殺されるというイメージが存在したが、Qはその流れの中でイエスの非業の最期を理解している。そして自分たちの運命をもこの表象伝統の中で理解し、迫害を己が身に引き受けるよう自らに課している。したがって、Q自体、イエスの十字架事件の悲劇的受容なしには発生せず、その後の展開も、イエスの悲劇への「喪の作業」的応答と理解できる面があって興味深い。しかし、Q文書の問題はそれだけでも複雑多岐にわたるので、許された紙幅では扱えきれない。その十全な論究はまた別の機会に譲ることにしたい。

b　聖餐の儀式——再会への望み

もう一つ言及すべきものが「聖餐」の成立である。これは、1コリント一一23-26およびマルコ一四22-25に二通りの伝承で伝えられているが、古い文面をより多く含んでいると思われる前者のテキストを掲げておこう。

「主イエスは、引き渡された夜、パンを取り、感謝して裂き、言った、『これはあなたたちのための私のからだである。私を想い起こすために、このことをせよ』。同じように杯をも食事の後で〔取り〕、言った、『この杯は、私の血による新しい契約である。あなたたちは飲むたびに、私を想い起こすために、このことをせよ』。事実、あなたたちは、主が来られるまで、このパンを食べ杯を飲むたびに、彼の死を宣べ伝えるのである」。

これは、直弟子たちがイエスととった最後の夕食の記憶に遡るものであり、さきの受難物語と基本的にはおなじ回想モチーフを持っている。しかし初めから受難物語の中に有機的に組み込まれていたものではなく、それ自体独立して成立し、その後儀式的に発展したものと思われる。「私を想い起こすために、このことをせよ」という言葉は、そうした発展の産物である。

同時にこの伝承において独自なのは、最後のイエス再来への期待である。「事実、あなたたちは、主が来られるまで、このパンを食べ杯を飲むたびに、彼の死を宣べ伝えるのである」という文章である。同種の関心は、マルコ福音書一四22-25に採用されている聖餐伝承でも、最後の一四25に示唆されている。

「アーメン、あなたたちに言う、私はもはや二度と葡萄の木からできたものを飲むことはない、神の王国においてそれを新たに飲む、かの日までは」。

さらには、第一コリント書の結尾部分の一六22に「マラナ・タ」というアラム語の言葉が出る。これは、元来はこの聖餐の最後の部分で参加者によって唱和されたものをパウロが援用したものと言われている。この言葉の意味は「主よ、来てください」と解され、イエスの再来を乞い願うものである。その際のイエスは、もちろん神のもとにいるものと考えられている「生けるイエス」である。つまり、この世が間もなく終わるときに、イエスは十字架死の恥辱から回復され、まことの栄光の中に再び現れるものと考えられている。いわゆる「再臨」信仰である。これは今の世の終りと新しい世の到来を間近に期待する、当時一般に瀰漫《びまん》していた黙示思想的信仰に沿ったものである。このようなイエス再臨の期待は、その後時代が下るにつれ薄れていくが、最初期の原始教会にあっては一つの決定的役割を演じていたであろう。つまり直弟子たちは、この世界観に従い、やがてイエスと全く新しい次元で再会できるものと信じていたのである。この期待が、「イースター事件」に基づく信仰と相まって、イエスを裏切って死なせてしまった直弟子たちを瀬戸際で支えた重大な要素なのである。この期待に励まされ、またかつてのイエスとの最後の瞬間を回想し、彼との一体感を儀式的に創出する形で「喪の作業」の遂行に貢献したのが、「聖餐」なのである。

二・5 喪の作業の失敗——イスカリオテのユダの謎

しかしながら、現実とは計り知れないものである。この直弟子たちの「喪の作業」は、苦しみの中でも全員足並みをそろえて貫徹したかと問われれば、実は大きな疑問が生じる。代表的な問題は、イスカリオテのユダの去就である。

二・5・(1) イスカリオテのユダ伝承

いったい彼には何が起こったのか。われわれの手元にある伝承からすると、彼は絶命したとされている。そのうち、マタイの伝承は以下のようである。

「そのあと、イエスを売り渡したユダは、イエスが死刑を宣告されたと知り、後悔して銀三十枚を祭司長たちと長老たちとに返して言った、『俺は罪なき血を売り渡して、罪を犯した』。しかし彼らは言った、『そんなことはわれわれの知ったことか。お前が勝手に始末せよ』。そこで彼は、銀貨を神殿に投げ入れ、立ち去った。そして行って、首をくくった。他方、祭司長たちは、その銀貨を取って言った、『これらの銀貨を神殿の宝物庫に入れるのは、許されていない。血の代価だからだ』。そこで彼らは協議して、それらの銀貨で陶器師の地所を買い、外国からの旅人用の墓地にした。このため、この地所は今日に至るまで、『血の地所』と呼ばれている」(二七3－8)。

しかし、この記事は、福音書記者マタイの創作であるか、あるいはそうと断定できないとしても、後代の創作伝承の可能性が高い。言語的にマタイ特有の要素が多く見られる、という点は今考慮し

J.ジェイムス・ティリット作
『ユダの接吻』

ないでおく。そもそも「血の代価」で購入された土地に作られた墓地が「血の地所」と呼ばれた、というのも回りくどく、自然な命名ではない。それに、イエスが死ぬ前にユダが縊死《いし》すれば、「復活」のイエスが後日ユダにも現れたのかどうか、というやっかいな問題点が回避できる。またユダが自分の過ちを悔い、責任をとって首を吊ったとすれば、悪いのは改心以前のユダのみとなり、自然のなりゆきとして一般の直弟子たちの責任は軽減される。つまり、この文脈でのユダの自殺は、さまざまな意味でおあつらえ向きの構成なのである。しかし、使徒行伝に組み込まれている記事は、これとはかなり様相を異にする。

「この者（＝ユダ）は不義の報酬で、ある地所を手に入れたが、そこへまっさかさまに落ちて、腹が真中から引き裂け、腹わたがみな流れ出てしまった。そして、そのことがエルサレムの全住民に知れ渡り、そのために、この地所が彼らの国語で『アケルダマ』と呼ばれるようになった。それは、『血の地所』という意味である」（使徒行伝一16-19）。

おなじく「血の地所」でありながら、マタイのそれより理由がいとも直接的で、明確である。また、ユダの最期は凄惨に描かれ、神罰というイメージが絡んでいるが、具体的にはどうであったのか――事故か自殺か――明言されていない。このことも、むしろ信憑性を増す。二次的に話が創作される場合は、かえって鮮明な筋になるものである。また、イエスを売った金で土地を買うのは電光石火でやれるものではなく、そのように急いでやる必然性もないことであるから、その売買はおそらくイエスの死後一定の時間をおいてなされたのであろう。とすると、それはイースター事件の後である可能性が出てくる。とすると、ユダと復活者の関係はどうなったのか――このような疑問も当然湧いてくる。こうしたやっかいな問題を招かずにいない使徒行伝の伝承の方が、元来創作である可能性はより少なく、むしろ史実を何らかの程度で反映した物語と推察されよう。

二・5・(2)　ユダの行く末

そうであるならば、ユダは、仲間の弟子たちが「イエスは現れた」として再び立ち上がる中で、どこへ身を処したのであろうか。「イエスは起こされた」という他の弟子たちの報知を耳にしたにもかかわらず、イエス磔死の悲劇は彼にとっては余りにも重すぎ、結局彼の肉体的生命を解体する方向にしか働かなかったのであろうか。

妻や夫に先立たれた人が、やがて自らも命を絶つか、あるいは急速に生命力を喪失し、まもなく病没するという話は決して稀なものではない（パークス／ワイス『死別からの恢復』、特に一九〜三五頁）。喪の作業は命懸けの行為と言ってよく、それは時間がたてば「成功」するとわかり切ったものでは全然ない。思いがけず悲劇に巻き込まれた者が「カサルシス」的勇気に至るのは、決して保証された限りではないのである。ましてユダのように、愛の対象を能動的に裏切ったが、そのことの上にあぐらをかいていることができずに逆に取り返しのつかない対象喪失を経験した（と想定される）ような場合は、「償い」の業も永劫に先が見えず、ただ自己処罰への衝動のみが肥大化していくであろう。おそらく彼は、「喪の作業」に決定的に失敗したのではあるまいか。「復活」したイエスも、この世でユダを救うことだけは、ついになし得なかったのではないだろうか。

二・5・(3)　「影」としてのユダ

次の問題は、このユダを原始キリスト教がどう扱ったかにある。

彼の仲間の直弟子たちが彼とどのように面したか、確実な資料がないので正確には言えない。しかしあえて一つの仮説を立ててみよう。1コリント一五5によれば、死を超えたイエスはまず「ケファ（すなわちペトロ）に現れ、次いで十二人に現れた」という。もし、この「十二人」にユダも含めてよいのであれば、ここではユダは全く差別されていない。ことによると、事実彼にも「顕現」の体験があったのかも知れない。この文面からは、その可能性を排除することはできない。そもそも、他の弟子たちも最後になってイエスを放棄して逃げたのであれば、彼らもユダと同じ穴の貉《むじな》でしかなく、彼一人を断罪できたはずはないのである。もっとも、これはユダ自身が直弟子たちのグループとその後も行動を共にしたということを保証するものではない。そして間もなく彼は、たしかに舞台から消えていくのである。

やがて原始キリスト教の中でユダは、断定的に「裏切り者」という烙印を押される。「十二人」の表にも、「イエスを裏切った者（＝引き渡した者）」（マルコ三19）というレッテル付きで最後に登場することになる。一世紀末のヨハネ福音書などでは、ユダはキリスト教の救済プログラムから外れた存在（ヨハネ一七12参照）として呪詛の対象とされ、やがて総じて悪しき背信と神罰の典型として扱われていく。たとえば二世紀半ばのパピアスの断片として編集された文章を参照されたい。

「ユダは不信仰の代表的見本として、この世で生を送った。彼の肉体はたいそうふくれあがったので、車が容易に通り抜けるところを、彼は、それもそれの頭すらも、通り抜けることができないほどであった。彼の目のまぶたはたいへんはれあがったので、彼は光を全く見ることができず、また医者が器具を使って彼の目を見ることもできないほどであったという。それ（＝目）は（彼の身体の）外表からこんなにも深く（落ち込んで）いたのである。

彼の恥部はあらゆる恥ずべきものよりも不愉快、かつ大きく見えた。そして、それを通して身体中から流れ集まる体液とうじ虫とが、ただ（身体の）必要性によって運び（出され）て、恥ずべき有様（となっていた）。彼は多くの責苦と（罪に対する）むくいと（をうけた）後で、自分自身の地所で死んだと言われる。その土地は（彼の）においのゆえに、今に至るまで荒れていて、人が住まない。また今日に至るまで誰も、鼻を手でふさがないでは、そのところを通りすぎることもできない。彼の肉を通して、地上で、このような流出が起こったのであった」（佐竹明訳、荒井献〔編〕『使徒教父文書』、二五六頁）。

この文章のグロテスクさは目をおおうほどである。しかし、イエスを三度否んだペトロとイエスを敵に「売った」ユダの差は、どれほどもありはしない。一方が後日聖人として扱われ、他方が悪魔と等置されるのは全く不当なことである。思うに、ユダは当初から直弟子たちの、そしてやがてキリスト教徒一般にとっての、ユング心理学でいう「影」の存在と化したのである（河合隼雄『影の現象学』参照）。つまり、キリスト教者の隠れた自己の姿であり、人前では、いや自分に対しても、決して認めたくないイエスへの秘められた反抗と憎しみと暴虐の実相を対象化したものなのである。

逆に言えば、原始キリスト教は、このユダの姿を自らの姿として鮮明に認知できず、表だっては彼を断罪する方向に傾斜していったところに、その悲しい錯誤と限界とがあったのである。その傾向は、中世を通して現在にまで及んでいる。「私たちの罪のために」の「私たち」が、「ユダ」を排除した私たちであれば、このキリスト教的「カサルシス」は最後までその欺瞞《ぎまん》のゆえに疼き続ける以外にない。

三 パウロ

以上私たちは、「悲劇的なるもの」がいかに原始キリスト教の最初期の展開を刻印したかを見、その連続線上に、マルコ福音書という悲劇的な作品をあらためて位置づけた。ここでもうひとつ、使徒パウロの存在をこの関連の中で考察しておこう。彼もまた、イエスの十字架の悲劇に深く関わった人物であると思われる。

三・1 パウロの生涯の略述

パウロは、そのヘブライ名をサウロといい、トルコ半島南東部のローマ帝国キリキア州の首都タルソスの出身である。誕生年は不明だが、紀元後数年ごろか。れっきとしたヘブライ人であり（つ

パウロの故郷タルソスのクレオパトラの門

まり回宗してユダヤ人となった者ではなく）、「ベニアミン族出身」（ロマ一一1、フィリピ三5）という誇り高い意識を持った家系の裔《えい》である。もっとも彼の職業は「天幕づくり」（使徒行伝一八3）を常としていたらしく、おそらく家業を受け継いだものであろう。これは一種の皮職人であるから、ユダヤ人の感覚からすれば決して「上品」な職ではなく、むしろ下層階級のそれに属すると思われる。にもかかわらず、彼はギリシャ語を母国語とするヘレニズム人であり、同時にアラム語やヘブライ語を自由に駆使できる知力を備えていたらしい（使徒行伝二一40、二二2）。また、ラディカルなほど宗教熱心で、タルソスにいながら聖地イスラエルにおける革新的宗教潮流「ファリサイ派」に属していた（フィリピ三5、彼が、エルサレムで当代随一の律法学者ガマリエルに師事したという記事（使徒行伝二二3）は疑わしいので考慮しない）。聖書を縦横に駆使する力を持っており、その知識力も同輩を遥かに凌いだものがあったであろう（ガラテヤ一14）。思想的には理念的・原理主義的でありつつ、気質的には激烈なパトスの持ち主であった。もっとも、見た目には威風堂々というよりは貧相な体格であり（2コリント一〇10）、またある慢性の持病ないしは障害に悩み続けたと思われる（2コリント一二7）。女性に対してはある距離を持ちつつ、生涯一種の独身主義を貫いた（1コリント七8）。

彼は、イエスの弟子たち——紀元三二年頃エルサレム原始教会から分かれてきた（使徒行伝八1b、4以下、一一19）急進派（いわゆる「ヘレニストたち」、邦訳では「ギリシャ語を話すユダヤ人」、使徒行伝六1）の流れの人々——がイエスの道をパレスチナ以外の地で宣教し始めるや、激しい敵愾心を燃やし、さまざまな都市で彼らを「迫害」しはじめた（ガラテヤ一13）。おそらく、それぞれの都市のシナゴーグ（ユダヤ教会堂）で彼らをむち打つ等の行動に走ったのであろう。それは何よりも、彼らがユダヤ教で中核をしめる「トーラー」（律法）を無視あるいは軽視していると思い、義憤にかられたためである。しかしそうしている過程で、紀元三三年頃、突如、シリアのダマスコス近郊で（使徒行伝九1以下参照）「回心」してしまう。ミイラ取りがミイラになったのである。この後彼は、シリアの大教会アンティオキアに招かれ、当地で頭角を現す（使徒行伝一一25‐26、一三1）。紀元四八年頃、異邦人伝道のことでアンティオキア教会がエルサレム原始教会と対立したときは、アンティオキア側の代表者の一人として「エルサレム使徒会議」に赴き、原理的立場を貫徹(使徒行伝一五、ガラテヤ二1-10)。その後独立して、トルコ半島およびギリシャを中心に伝道して回った(使徒行伝一五35以下)。

しかしながら、彼はエルサレム原始教会からの離脱を望まず、異邦人教会からの献金を連帯の証として携えながら紀元五六年頃上京。しかし、反異邦人・反ローマの気運の高まるエルサレムのユダヤ人民衆から敵視され、逮捕された。その後二年ほど海辺のカイサリアにて留置生活、さらに彼は皇帝に直訴してローマ送りとなり、ローマで二年ほど軟禁状態に置かれる(以上、使徒行伝二一15—二八31)。その間裁判を受け、最後は紀元六〇年代の初め頃処刑されたものと思われる。

三・2　その「回心」

私見では、パウロ理解の鍵は、上記のダマスコス近郊における「回心」体験にある。いったいあれは何であったのだろうか。使徒行伝九章を見ると、「天からの光」が彼を打ったという。

「……ところが、行ってダマスコスの近くまで来ると、突然、天からの光が彼をめぐり照らした。サウロは地に倒れ、『サウル、サウル、なぜ私を迫害するのか』という声を聞いた。そこで、彼はたずねた、『主よ、あなたはどなたですか』。すると答えた、『私はお前が迫害しているイエスである。起きて町に入りなさい。そうすれば、お前のなすべきことが告げられるであろう』。サウロと共に来た者たちは、ものも言えずにそこに立っていた。声は聞いたが、誰をも見なかったからである。サウロは地から起き上がった。しかし、目を開けても何も見えなかった……」

（使徒行伝九3－8）。

ローマに至るアッピア街道

この描写はおそらく、ダマスコスのキリスト教会で構成され、伝えられた伝承に基づくものであろう。問題は、これがどれほどパウロの体験をそのまま伝えているかということである。まず、天からの光がさしたとか、地に打ち倒されるとか、盲目になるとか、すべてこの記事にのみ固有の動機ではない。類似の物語モチーフは同時代およびそれ以前の文学の中にさまざまに存在している。そもそもパウロ個人は、「主イエスを見た」（1コリント九1）と言っているのに対し、使徒行伝の記事は「見る」ことには何もふれず、ただ「聞く」ことのみを問題にしている。またパウロは、「キリストが現れ

ダマスコス・パウロの門

た」（1コリント一五8）と言い、あるいは「神が御子を私の内に啓示した」（ガラテヤ一16）と言う。しかしそれ以上の描写は決してしていない。そこで私としては、この記事の描写の細部は、パウロとは無関係に創作された可能性が高いと思っている。

パウロが何も体験しなかったというのではない。間違いなく彼は、自分にとって決定的なことを体験したのである。一般にはそれを彼の「回心」と呼ぶ。しかしながら、パウロ自身は「回心」ないしそれに相当する言葉を使用してはいない。したがって、パウロの体験を問題にするとき、「回心」という言葉から想像されるように、パウロが一つの神からもう一つ別の神に、具体的に言えばユダヤ教の神からキリスト教の神に鞍替えしたように考えてはならない。当時（紀元三三年頃）はまだ「キリスト教」という宗教が出来上がっていたわけではなく、すべてユダヤ教内部での思想的潮流同士の拮抗《きっこう》だったのである。むしろあの体験は、彼がこれまで仕えてきたイスラエルの神が、全く新しい次元を開示したということなのである。そしてその新しい、飛躍した次元の中心に、「メシア」（すなわち「キリスト」）としてのイエスがいるのである。したがって正確に言えば、彼のあの体験は、「イスラエルの神による、生けるイエスの啓示」の体験だったのである。

彼はこの体験が、イエスの直弟子たちの「顕現」体験と同じものであったと理解しているようであるが、これは本当であろうか。そもそも、イエスを裏切って奈落に沈んでいった者たちがその底で見た「イエス」の姿と、これまでキリスト教徒迫害に燃えていた者が突然出会った「イエス」の姿が、全く同じ形姿であり得たであろうか。

三・3 十字架の悲劇との遭遇

ここで私は、再びある仮説を提出してみたい。つまり、パウロの「生けるイエスとの遭遇」体験とは、決して「天からの光」に打たれたのでもなければ、光輝く栄光のイエスの声を聞いたり、姿を見たりしたのでもなく、その悲劇的十字架の姿の衝撃に、初めて心を全面的に開かされたということではないであろうか。十字架上で惨死を遂げているイエスの姿が、突然、強烈な衝迫力で心の目に「見えて」しまったのではないだろうか。

もし逆に、パウロに現れたのが使徒行伝的な「天からの光」であったのなら、なぜパウロがそれを彼のファリサイ派的・ユダヤ教的理解に沿った形の神顕現ととらえなかったのかがわからない。万が一、使徒行伝のように、「天からの声」が「私はイエスである」と言ったとしても、それがサタンの声でないかという疑念を全く持たずに、直ちに服従するのは奇異と言うしかない。しかし逆に、彼の「内に啓示された」のが、「十字架に付けられてしまっている」――パウロ特有の表現（1コリント一23、二2、ガラテヤ三1、六14）――イエスの非業の姿であるとすれば、そしてそれがこれまでパウロの「敵対者」であるイエス信奉者らによって標榜されてきたものと同一であるととらえざるを得ないとすれば、それを彼のこれまでのファリサイ派の路線で把握することは全然不可能である。それは神の全く新しい、別次元の「啓示」と認識するしかなくなるのである。つまりパウロは、十字架の悲劇と出会い、「受容論的」にその衝撃にとらえられてしまったのではないか。十字架のイエス、即、死を超えて遍在する「復活」のイエスと出会ってしまったのではないか。この事件が彼の中に思いがけない「カサルシス」を誘発し、全く新たな視野を創出したのではないだろうか。

繰り返すが、これは仮説である。しかしその中にかえって真実性がないかどうか、問うていくことは可能である。

今想定した次第と多少とも似かよった体験を近現代人の証言の中から探すとすると、私にはヴェイユ（Simone Weil）のそれが念頭に浮かぶ。三四歳で他界してしまったこの稀有な思想家は、二九歳の一九三八年復活祭の頃、フランスのソレムにあるベネディクト派の修道院において、決定的な「キリスト体験」をする。持病の偏頭痛の発作に絶え間なく悩まされながら、彼女は典礼の言葉と聖歌とに必死に集中し、あるときそれらの中に「純粋で完全な喜悦」を見いだすに至る。そして――

「この体験のおかげで、私は類似を働かすことにより、不幸というものを通して神の愛を愛する可能性をよりよく理解できたのです。当然ながら、これらの典礼の間に、キリストの受難という想いが決定的にわたしの中に入り込んだのです」（Attente de Dieu, p.43　私訳）。

これは「天からの光」に打たれたとか、光輝く復活のキリストに会ったとかいうものとは別種の、悲劇のイエスとの出会いと言ってよい。「不幸というものを通して神の愛を愛する」とは、十字架のイエスの姿への凝集である。それも、ヴェイユ自らの肉体的・精神的苦悩のどん底での把握である点が意味深い。パウロの体験も、これと類似する種類の十字架のイエス体験ではなかったと思うのである。

もっともパウロの場合は、これまでイエスの道に

フランスのソレムにあるベネディクト派修道院

従う者たちを「迫害」してきた者であるという前史が加わる。

「私は極度に神の教会を迫害し、またそれを荒らしまわっていた」（ガラテヤ一13）。

その彼がここで十字架のイエスの悲劇力にとらえられたとすれば、それはそれまでの自分自身をイエスに対する反逆者として新たに規定せざるを得ない。つまり彼は、歴史におけるイエスの十字架の出来事に、間接的・象徴的にではあるが、裏切り者的に関わっていた自分を見いださずにいなかったことになる。「キリストは私たちの罪のために死んだ」というケリュグマ文を「最も大事なこととして」（1コリント一五3）受容し、追体験する主体的・実存的姿勢は、はからずも備えられていたのである。

そして、やがてこの体験から与えられた別次元の生への勇気を、彼は「異邦人伝道」という新しい課題の中に注ぎ込むのである。なぜこれが彼の目標になったかといえば、彼がこれまで迫害してきた人々がすでに「異邦人伝道」を手がけていたからであろう。それらの被迫害者たちに逆に温かく迎えられたとあっては、パウロとしては、彼らの関心事を自らの身に引き受けることが、いや、誰よりも熱心にそれに没入し、それを全力で展開することが、自己を許せる唯一の道であったことも理解できよう。その意味で、「異邦人伝道」はパウロにとって秘かな懺悔《ざんげ》道でもあった。またここには、何ごとにつけ後発者の方がその先発者よりも、元来の大義と目標とに向かってかえって純粋になり、必死になるという心理も働いている。「後なる者は先なるべし」（マルコ一〇31、マタイ二〇16、ルカ一三30など）という格言は、パウロの生涯においても真実性を発揮したのである。

このように考えていくことによって初めて、後年の彼の神学的発展、とりわけ「十字架の神学」と言われている彼独特の神学的凝集への道が納得できると思う。言い換えれば、パウロにとってはその出発点自体が、十字架の「悲劇の神学」の衝撃的受容だったと想定されるのである。

三・4 「十字架の神学」

「ああ、無分別なガラテヤ人らよ。あなたたちには両の目の前に、十字架に付けられてしまったままのイエス・キリストが公に描き出されたのに、誰があなたたちを誑《たぶら》かしたのか。私はただ次のことだけをあなたたちから聞いて知りたい。あなたたちは律法の業によって霊を受けたのか、それとも信仰に聞き従ったことによってか」（ガラテヤ三1－2）。

この箇所は、パウロがガラテヤ人に、そしておそらくそれ以外の人々にも、具体的にどのように宣教をしたかを暗示している点で、興味深い。つまり彼は、「十字架に付けられてしまったままのイエス・キリスト」を「描き出した」のである。これは、イエスが十字架に付けられた悲劇的な結末を物語らずしては不可能なことである。つまり彼は、十字架の悲劇をこそ、神の救いの業として伝えたのである。この意味でも、パウロはイエスを観念化してしまったという、よく聞く批判は、正しくない。そして、この悲劇物語からガラテヤの聞き手たちが受けた衝撃とカサルシスが、「霊を受けた」という体験として神学的にとらえ直されているのである。

「十字架の言葉は滅びる者たちにとっては愚かさそのものであるが、救われる者たち、すなわち私たちにとっては、神の力だからである。……この十字架に付けられてしまっているキリストは、ユダヤ人たちにとっては躓きであり、異邦人たちにとっては愚かさであるが、しかし、召された者たち自身にとっては、ユダヤ人たちにとってであれギリシア人たちにとってであれ、神の力、そして神の知恵としてのキリストなのである」（1コリント一18、23-24）。

「十字架の愚かさ」とは、イエスの十字架事件が、それと共鳴する備えのない者にとっては一つの「愚か」な、見苦しい事件でしかないということである。しかしこの事件の悲劇性にいったん目が開かれると、それの持つ悲劇力はこちら側の従来の諸感情を解体させ、認識のパラダイムを一転させる。この悲劇的切迫力がここでは「神の力」と言われ、それが生む新しい直観知が「神の知恵」と呼ばれている。これは、「敗北のうちに勝利を見いだすという古くからの悲劇のパラドックス」（シューウォル『悲劇の探求』一九五頁）の極端な例である。そしてまた、パウロがここに記したことは、彼の蒙った悲劇のカサルシス的衝撃をあらためて言語化し、意識化することでもあったと思われる。

三・5　贖罪の神学と十字架の神学

このように、イエスの十字架の悲劇との内的な出会いをパウロに想定して初めて、なぜ彼の中に、いわゆる「贖罪《しょくざい》信仰」――1コリント一五3のような、「キリストはわれわれの罪のために死んだ」等の発言――と並んで、十字架の愚昧さを先鋭的に浮き彫りにする「十字架の神学」があるのかがうなずける。前者はパウロが単に伝承から受容したもの、後者がパウロ独自の把握したものとして区別することも意味があるが（青野太潮）、むしろここで私が強調したいのは、両者ともにイエスの死の「悲劇性」の磁場から出た言葉だということである。つまり、贖罪論的発言は十字架悲劇に巻き込まれた者たちの自己認知の表現であり、「喪の作業」の結実であるが、「十字架の神学」は、同悲劇の逆転性と苦難性、その屈辱と呪いの側面を正面から見据え、それゆえに与えられた不可解な「力」を言葉にしたものである。後者は、その没落の怖ろしさに徹底して肉薄したという意味において、パウロ以外では福音書記者マルコのみがなし得た作業である。しかし前者もまた、その発祥においては、十字架悲劇の渦の中から吐きだされた言葉なのである。パウロが前者を受容しつつ、後者を新たに展開し得たのは、双方とも共通の源泉に基づくためであると考えられよう。

ここで、パウロにおける悲劇的実存とは無関係な側面、特にその保守的な面や教会組織家としての「政治的」面を論じることはしなくてもよいであろう。私は、パウロに十字架悲劇的な生き方の理想を見ているわけでは必ずしもない。しかしその切り口の悲劇的鋭利さは見逃すことができない。そしてとりわけ、彼がその生涯の最後に聖地の母教会への献金を携えて物情騒然としたエルサレムに命懸けで乗り込み（紀元五六年頃）、全世界の教会の一致と神の民の一体性を訴えようとして案の定ついに命を落とすとき、どこかイエスの最後のエルサレム行きとも響き合う悲劇的生の軌跡が見えるように思うのである。

三・6 パウロからマルコへ

パウロの項を閉じるに当たり、これまで最も悲劇的な福音書を書いたマルコと使徒パウロがどのような関係にあるか、述べておこう。

神学史的見地からして、パウロの「十字架の神学」を最も深く受容・発展させたのは、原始キリスト教では一人マルコ福音書の著者のみであると思える。私は、福音書記者マルコがエルサレム出身で一時期パウロの同行者であった「ヨハネ・マルコ」(使徒行伝一二12、一三5・13、一五37-39)であるか否かとは無関係に、神学的思想の歴史を考慮すれば、同福音書記者がパウロの思想を知っていた可能性が高いと思っている。マルコ劈頭《へきとう》の言葉――「『イエス・キリストの福音』の源」――自体が、パウロ的「キリストの福音」(ロマ一五19、1コリント九12、2コリント二12など参照)の「源」を新しく呈示するという宣言に読める。内容的には、「力は弱さにおいて完全なものとなる」(2コリント一二9)という、パウロの書簡の中でも最も注目すべき言葉――この完全になった「力」こそ悲劇の力のことである――に示される生き方を、具体的な物語としてドラマ化したのがマルコ福音書であると見ることができる。つまり、パウロの「十字架の神学」の悲劇的ドラマ化がマルコ福音書なのである。もっともこの説に賛同してくれるのは、今のところ青野太潮氏しかいないが(青野氏が挙げる、パウロとマルコの言語上の響き合い参照、「パウロの『十字架の神学』の社会倫理への射程」『聖書学論集』27、一九九四年、一七頁)。

また、別の観点からすれば、マルコは、パウロが原始教会の悲劇体験の証言として受容した、いわゆる死と復活のケリュグマ文(たとえば1コリント一五3以下など)の抽象性を克服しようとした

パウロ伝道の代表的都市コリントの遺跡

デューラー作『福音書記者マルコと使徒パウロ』

とも言える。ケリュグマ文を生んだ共同体の共通体験が自明でなくなると、ケリュグマ文の簡略さと抽象性がいきおい障碍となりはじめる。もはやこれを通しては、新参者は元来の悲劇的出来事には出会えない。ましてや、そうした文章を単に受け入れるか否かでキリスト教信仰の有無が決定される段になると、それはすでに明かな質的変貌を示している。

つまりマルコが、「受難物語」を受容すると同時に、1コリント一五章的なケリュグマの基本構造を悲劇的に肉付けして、あのような規模の「福音書」なるものをイエス物語として書いた一つの理由は、ケリュグマ文章主流のキリスト教のあり方への、作者の批判的反省と超克の試みであるとみてよいであろう。ケリュグマ文を見るだけでは、人は悲劇的十字架事件の磁力に出会うことはできないのであれば、むしろ生き生きとした物語を初めから終わりまで書き連ね、その中へと読者を招き、十字架の悲劇的カサルシスを自分で追体験してもらうのが最善であろう。そのようにしてこそ、読者は迫害の恐怖心を克服できると作者が確信しているとすれば、なおさらそうした物語の執筆が促されたのであろう。

第四章　初期キリスト教における「悲劇的なるもの」の衰退と残存

以上私たちは、原始キリスト教の運動が基本的に「悲劇的なるもの」の発動に触発されたものであることの証左を、エルサレム原始教会に集結した直弟子たちの「喪の作業」、そして使徒パウロの体験と伝道活動に見て来た。また、直弟子たちの「喪の作業」に遡源する前マルコ的受難物語と基本的ケリュグマ文がマルコ福音書に受容され、いっそう深化した物語として展開させられた様を観察して来た。

こうした悲劇的なるものの発現はその後、どのように進んだのであろうか。最後にこの点を、素描的に後づけてみたい。

一　パウロ的潮流において

一・1　「パウロの名による書簡」の中の非悲劇化

「パウロの名による書簡」とは、パウロの真筆ではなく、一般にその弟子筋の者たちが紀元八〇年代から二世紀の前半にかけて執筆したと考えられる文書をさす。パウロの名を騙《かた》って書かれた文書であるから、「偽書」の範疇《はんちゅう》に入る。もっとも、これらの文書は、決して単に読者を「だます」目的で書かれたものではない。むしろ、「使徒パウロの権威を持つと主張する私は、このように読者に告げる」、あるいは「使徒パウロの霊なら、今の状況をこのように見るであろう」というれっきとした自己主張のための、一種のレトリックと理解されよう。したがって各々が、与えられた状況にそれぞれの視点から真剣に取り組む中で生まれたものである。

具体的には、「パウロの名による書簡」とは「コロサイ人への手紙」、「エフェソ人への手紙」、「テサロニケ人への第二の手紙」、「テモテへの第一の手紙」、「テモテへの第二の手紙」および「テトスへの手紙」の六つを指すと考えられている。

注　「コロサイ人への手紙」は紀元八〇年代以降、小アジア（のエフェソ？）にて成立、それをモデルにして書かれたのが「エフェソ人への手紙」で、一世紀末、小アジアにて成立（ただし、「エフェソ人への」という宛先はより後代に付加されたもの）。「テサロニケ人への第二の手紙」は、パウロ真筆の「テサロニケ人への第一の手紙」をモデルに、一世紀の終り頃、マケドニアないしは小アジアで書かれた。「テモテへの第一の手紙」、「テモテへの第二の手紙」「テトスへの手紙」の三者は、一括して「牧会書簡」と証されるが、二世紀の初め頃、小アジア（エフェソ？）で成立した可能性がある。

エフェソのアルテミス神殿跡

これらの「手紙」の中で、パウロの真正の手紙の中に見られたような、十字架の「愚かさ」や「躓き」や「弱さ」といった悲劇的事態への目、そしてそれゆえの「力」ないし「救い」という逆説的直観の在り方はどのように伝達されていったのであろうか。

　結論は単純である。それはまともに受け継がれていくことはなかったのである。

　今それを、「十字架」(stauros) ないし「十字架に付ける」(stauroō) の語を手がかりに見てみよう。これらの語は、それだけで当時の語感でははなはだしいショック性と羞悪感を帯びているが、真正のパウロ書簡では七書簡のうち四書簡(1、2コリント書、ガラテヤ書、フィリピ書)に延べ一五回使用されている。しかしパウロの名による非真正の六書簡では、ただの三回しか使われていない。このことは一定の象徴性を持っている。その三回のうち二回は、二次的パウロ書簡ではいちばん早く執筆されたであろう「コロサイ人への手紙」のうちにあり、残り一回は、そのコロサイ書に文献的に依存する「エフェソ人への手紙」にある。

一・2 コロサイ人への手紙とエフェソ人への手紙

コロサイ書のうちの一回は、この文書の作者が受容した――つまりコロサイ書より古い――「キリスト賛歌」(一15-20)の中にある。

「神は、御子を通して、御子に向けて、万物を和解させることをよしとされた。地上のものであれ、天上のものであれ、御子の十字架の血を通して平和に至らしめることによって」(一20)。

この伝承文には、「十字架の血を通して」という表現の中に、まだ事柄の悲劇性が暗示されている。もっとも、「血」というのは、十字架刑が必ずしも流血で死をもたらすものではないため(前述のように、十字架では血を流して死ぬのではなく、大部分窒息死であることを参照)、おそらく「死」と同義であり、「犠牲」としてのキリスト解釈に由来する。どちらにせよ、この伝承文の眼目は、十字架の悲劇性を抉《えぐ》ることよりも、作りなされた「平和」にある。すなわち、悲劇を乗り越える「カサルシス」的要素へのアクセントの移行が見られる。

コロサイ書のもう一つの例は、受容された伝承文ではなく、作者自身の作文によると思われる箇所である。

「神は、私たちのためにすべての過ちを赦し、もろもろの戒律によって私たちの債務を定めた証文――これらは私たちに敵対的であった――を抹消し、これを十字架に釘づけして除去してしまった」(二14)。

ここでは、十字架が神学的・象徴的に解釈され、罪の赦しをもたらすものと等置されていることがうかがわれる。このような解釈は真正のパウロにはまだ見出されない。またここでは「十字架」が「抹消する」ことや「除去する」ことと同義に使われており、イエスの十字架の悲劇性が強調されているわけではない。

エフェソ書の一カ所は、上のコロサイ一20をエフェソ書の著者が書き換えたものである。

「……二人の者を自らにおいて一つの新しき人に造り上げて平和を創出し、両者を一つの

体において十字架を通して神と和解させ、こうして自らにおいて敵意を抹殺するためであった」。（二16）

著者によれば、「十字架」は、異邦人とユダヤ人の両者間に「平和」を造りなす場である。これは、コロサイ書と同様に、イエスの十字架悲劇のカサルシス的帰結を強調したものである。しかし、コロサイ書の「血」という言葉が削除されていることで、悲劇的要素はいっそう後退している。

一・3 その他の「パウロの名による書簡」

これら以外の第二パウロ書簡――第二テサロニケ書、第一・二テモテ書、テトス書――には、「十字架」の語が全く登場しない。もちろん、「十字架」が登場しないというだけならば、真正書簡のローマ書や第一テサロニケ書にも登場しないのだから、それ自身から機械的に結論を引き出すわけにはいかない。しかし問題は、パウロより後の世代の中にある、「悲劇」的感性の明らかな後退である。第二テサロニケ書では、審きへの恐れを喚起することと、伝統への忠実さを守ることが何よりも勧められる。さらにいわゆる牧会書簡に至ると、教会組織の堅固さと、これまでの伝統すなわち「健全な教え」（1テモテ一10、2テモテ四3、テトス一9、二1）への忠実さのみが前景に現れる。イエスの事件は、その悲劇的問題性を解消させられ、神の直接的な栄光顕現として次のような神話的プロセスのうちに理解される。

「その者は肉において顕《あらわ》にされ、霊において義とされ、
御使いたちに現れ、諸民族に宣べ伝えられ、
世界中で信じられ、栄光の中に天に挙げられた」（1テモテ三16）。

ここにはもはや、イエスが死んだということすら言及されない。言うなれば、「パウロの名による書簡」の中の「十字架の神学」の非悲劇化が、牧会書簡において完了するのである。「パウロ」の名において書かれてはいるものの、ここには大きく性格の異なった「パウロ主義的キリスト教」が現れている。

二　福音書において

福音書の分野では、マルコによる福音書が紀元七〇年代に悲劇性の高い物語を、そもそも福音書

という独自の器に盛って書き上げたことはすでに見た通りである。このマルコ福音書はその後、『マタイによる福音書』と『ルカによる福音書』という両福音書の第一次資料となった。そしてこれら「共観福音書」——三者とも内容が似ていて「共観」できるのでこのように呼ぶ——と間接的な接触を示唆しながら、しかし直接的な文書的依存性は示すことなく、独自の道をたどって『ヨハネによる福音書』が成立していった（二世紀以降の非正典的福音書は割愛する）。これらのマルコ以後の諸福音書中に、「悲劇的なるもの」はどのようにして保持されたのであろうか。

二・1　マタイによる福音書

注　マタイ福音書は紀元八〇年代、シリアのとある町において成立した。伝説では、十二弟子の一人「マタイ」の著作とされ、そのこともあって現在の四福音書の筆頭に置かれている。しかし著者名は不明。便宜上「マタイ」と呼んでおく。

マタイにおいては、悲劇的なるものの後退化——「非悲劇化」——がある程度確認される。彼に至って、マルコにはなかった「復活者の顕現物語」が付加されるからである。二八9–10において復活のイエスはマグダラの女マリヤらに現れ、かつ二八16–20では「十一人の弟子たち」にガリラヤの山上で現れ、異邦人伝道の使命を授けている。そして、「見よ、この私が、世の終りまで、すべ

福音書記者／マタイ『カール大帝福音書』　挿絵　8世紀より。

ての日々にわたり、あなたたちと共にいるのである」（二八20）と告知する。いわば、これから悲劇的なことは一切ないという宣言とも受け取れる。復活者イエスが常に共にいるとなれば、どのような苦境にあっても臆するに足らないからである。

そもそもマタイのイエスは、受難を目の前にしても主体的余裕を保持している。例えば、逮捕の場面の言葉に次のような言葉がある。

「それとも私が父に願って、天の御使いたちを十二軍団以上も、今遣わしてもらうことができないとでもあなたは思うのか。しかしそれでは、こうならねばならぬと書いてある聖書は、どのようにして成就されようか」（二六53-54）。

つまりイエスは、元来は受難の運命を避けようと欲すれば避ける力を持っていたのである。その意味で、イエスは本当に無力な者に「成り下がって」しまったのではなく、ただ聖書が成就するためにあえて無力さという姿を引け受けたにすぎない。だからこそ、彼が死んだ瞬間には、空恐ろしく異様な事件が起こらずにはいない。

「大地は震え、岩々が裂けた。そしてまた、さまざまな墓が開き、眠っていた聖人たちの多くの体が起こされた。そして彼らは、イエスの甦りの後に、墓から出て聖都に入り、多くの人に現れた」（マタイ二七51-53）。

つまり、マタイにとってイエスの死とは、それほど直截的威力を持つものなのである。しかしそうであれば逆に、運命の「逆転」の鋭さは本質的に矯められてしまうのである。「非悲劇化」への重要な一歩である。

二・2　ルカによる福音書

注　ルカ福音書の成立は紀元八〇年～九〇年代、場所は不明であるが、パレスチナ以外のヘレニズム的大都市であろう。著者はパウロの同行者の「医者ルカ」（コロサイ四14、フィレモン24）というのが伝説であるが、実際は不明。ここでも便宜上「ルカ」と称し

『聖母を描く聖ルカ』／マブーゼ（16世紀初め）

ておく。彼は「使徒行伝」（使徒言行録）の著者でもある。

ルカになると、「非悲劇化」の度合いはいっそう進行している。マタイと同様に、「復活者の顕現物語」が重要な部分として付与される。有名な「エマオ途上の顕現」の長いエピソードがあり（二四13-32）、それに引き続いてエルサレムおける弟子たちへの顕現と教示の様が描かれる（二四33-50）。そして最後に、昇天するイエスの姿が報告される（二四50-53）。結局ルカにとっては、この復活者の栄光が何よりも重大なのであり、受難もそれへの必須の前提条件でしかない。

「キリストは必ずやこれらの苦しみを受けてこそ、彼の栄光に入っていくのではなかったのか」（二四26）。

この「栄光」感覚に貫かれていればこそ、マルコのあの「エロイ、エロイ、レマ、サバクタニ」の叫びが削除される。殉教者イエスは、

「父よ、御手に我が魂を委ねます」(二三46)

という、模範的に敬虔な言葉で息を引き取る。これはマルコの「認知」を否定し、その「逆転」の筋を脆弱化する。

さらに弟子たちについて言えば、彼らは——手厳しいマルコ福音書においてとは異なり——注意深く養護され、大事に取り扱われる。躓き予告においても、イエスはペトロに対し次のように言う。

「私はあなたの信仰が止むことのないように、あなたのことで祈っておいた。だから、あなたが立ち返るとき、あなたの兄弟たちを堅くせよ」(二二32)。

これは、弟子たちの「逆転」の無害化であり、その「逆転」に伴うべき「認知」の先取りである。またルカでは、弟子たちが全員逃散したという重要な記事(マルコ一四50)が削除されている。ま

た十字架を遠くから見やっていた者たちは「彼の知人たちすべてと、ガリラヤから彼に従って来た女たち」であったとされるが（二三49）、前者のグループはマルコにはなく、ルカの付加である。そして意味的には、この「知人たちすべて」という表現は当然ながら男の弟子たちを含むものである。すなわちルカは、男弟子たちの全員が十字架から逃避してしまったというマルコの記事を書き換え、実質的に彼らを十字架の場面に目撃者として登場させているのである。こうして弟子たちの「逆転」はほとんど無意味化されるのである。

これは要するに、ルカの直線的な救済観と、ようやく不動になって来たその教会制度にとっては、悲劇的・没落的感覚は無用の躓きでしかなかったのであろう。

二・3　ヨハネによる福音書

注　ヨハネ福音書の成立は紀元九〇年代、成立場所は議論があるが、南シリア周辺のユダヤ教徒の定住する都市とする説が有力である。著者は「十二人」の一人、ゼベダイの子ヨハネというのが伝説であるが、これもおそらく当たらない。便宜として「ヨハネ」と名付けることになっている（つまり、四人の福音書記者はすべて匿名）。なお、同福音書は、上記の「共観福音書」を文書資料として編まれた福音書ではない。しかしながら、時間的には四者のうち最も後代に成立した福音書であり、間接的には共観福音書を聞き知っているはずである。

ヨハネ福音書に至って、福音書物語の非悲劇化はある徹底化を達成する。ヨハネの元来の資料にはゲツセマネの場面に似たものがあったと推察されるが、しかし現在のテキストでは僅少の断片がそれを暗示するにすぎない（一二27、一八11）。そして、当然のように、「エロイ、エロイ」という末期の一句もない。イエスの最後の言葉は、

「これで完了した」（一九30）

である。悲劇的な「認知」は全く登場しない。イエスはまた、十字架の横木も自らゴルゴタまで担えるし（一九17）、「私は渇いた」と語るのも現実に苦しいためというより、「聖書が成就するため」（一九28）である。無力の底に沈むイエスという像は浮かぶことがない。十字架に付けられた彼を嘲弄する者すら一人もいない。そしてその死後も、イエスは力強く復活し、幾度となく弟子たちに現れ

デューラー作『福音書記者ヨハネと聖ペトロ』

（二〇11-18、19-23、24-29、さらには二一1-14、15-23）、その死ぬことのない命を実証するのである。

これに見合って、弟子が逃げたという記事もどこにもない（かえってイエスが敵に向かって「これらの者たち（＝弟子たち）を去らせよ」（一八8）と促すことになっている）。ペトロは確かに三度否むが（一八15-18、25-27）、泣き崩れるわけでなく、単にイエスの預言が的中した、ということが確認されるにすぎない。十字架のそばには弟子は誰もいなかったというマルコ福音書の記事とは対照的に、ヨハネ福音書ではイエスの母と母の姉妹、クロパのマリヤとマグダラの女マリア、そして「イエスの愛していた一人の弟子」がいる（一九25-26）。この愛弟子は末期のイエスから委託を受け、それを忠実に実行する（一九26-27）。

すでに受難物語以前に、受難を非悲劇化するために書かれているのが、あの長大な「告別説教」（一三～一七章）である。そこで言われていることは、これから生ずる受難が、イエスにとっても弟子たちとっても、いかに運命の「逆転」ではあり得ず、したがって悲劇的に「認知」するものは何もなく――まさに弟子たちはこの告別説教の中で一切を先取り的に「認知」すべきなのである――、また「苦難」でもないか、ということの幾重にもわたる教示に他ならない。だからこそ次のように宣言される。

「元気を出せ、私は既に世に勝ったのだ」(一六33)。

弟子たちについて言えば、ただ「滅びの子」、すなわちイスカリオテのユダのみ滅んだだけで、あとは全員がイエスの守りによって安泰である(一七12)。したがって、イエスの受難とは、何よりも、いかに「悲劇」が存在しないかを実践的に実証する物語のように見えるのである。

三 非悲劇化され得ぬもの

三・1 ヨハネ福音書を例に

ヨハネ福音書に関して、先のように考えてくれれば、その中から受難物語が消滅するのは時間の問題のような気がしてこよう。実際、紀元二世紀に興隆する「グノーシス主義」的キリスト教(大貫隆『グノーシスの神話』参照)は、そうした方向を歩んでいった。しかし、こうした傾斜にもかかわらず、ヨハネ福音書を別の観点から評価することも不可能ではない。

「私が去ることは、あなたたちにとって有益である。私が去らないなら、弁護者があなたたちのところに来ることはないが、私は、自分が行けば、彼をあなたたちのもとに派遣することになるからである」(一六7)。

「あなたたちに話しておきたいことが私にはまだたくさんあるが、今あなたたちはそれに耐えられない。だが、その者すなわち真理の霊が来るときには、あなたたちをあらゆる真理のうちに導くであろう」(一六12-13)。

これはヨハネ福音書の中で、有名な「弁護者」について述べられている箇所である。「弁護者」は原語で「パラクレートス」、「助け主」とも「慰め手」とも「勧める者」とも訳せると同時に、上記のように「真理の霊」とも書き換えられる。結局、復活のイエスの分身であり、その霊のことである。これらの箇所が、ヨハネ福音書ではどの編集層に属するかという問題は今は考慮の外におこう。大切なのは、ここにヨハネ共同体(ヨハネ福音書を基として形成され、ヨハネ福音書伝統を担った共同体)の思考の基本的な点が現れていることである。イエスがその死後、「パラクレートス」を「派遣することになる」ということは、一世紀末のヨハネ共同体にとっては、すでに目前にその「パラクレートス」が現存するということに等しい。ヨハネ福音書にとっては、このパラクレートスの現存の認識からすべてが始まっている。パラクレートス、すなわちイエスの霊が現存するならば、それは十字架の死から甦ったイエスに他ならない。ということは、このパラクレートスを十全に理解するためには、十字架のイエスの物語に帰っていかねばならないということである。ヨハネ福音書にとっては、臨在するイエスの「霊」との交わりを深めるには、それが到来する源であるイエスの十字架死——たとえどれほど「非悲劇化」されていようとも——に思いを馳せなければすまないのである。私たちの言葉で言えば、十字架事件のカサルシスで与えられた認識を深めるには、その十字架事件を忘れるわけにはいかず、どれほど遠隔からであれ、やはりそれに回帰しなければならないということである。

三・2 「非悲劇化」の中でも消し得ない点

おなじことは、マタイ福音書にもルカ福音書にも、程度の差はあれ、観察できると言えるであろう。ここでは最後に、時代は遥か降って、四世紀に成立した「ニケイア・コンスタンチノポリス信条」においても同様の点の存在することを確認しておきたい。

「……また、唯一の主イエス・キリストを〔信じる。この方は〕神の御子、御独り子であり、すべての代々に先立って御父より生まれ、光からの光、真の神からの真の神、造られた者ではなく生まれた者、御父と同一本体《ホモウシオス》の者〔であり〕、すべてのものはこの方を通して造られた。この方は、我々人間のため、我々の救いのために天より下り、聖霊と処女マリアによって受肉し、人間となられた。我々のためポンティオ・ピラトのもとで十字架に付けられ、苦しみ、葬られた。聖書にある通り三日目に復活し、天に昇り、御父の右に座しておられる。この方は生ける者と死せる者とを審くために栄光を帯びて再び来られるであろう。その国には終りがないであろう。……」（小高毅訳、同〔編〕『原典古代キリスト教思想史2・ギリシア教父』246頁）。

この文章は、この時以降のキリスト教の基ともなった文章である。またそれは、原始キリスト教から徐々に始まったイエスの神格化と思弁化の、古代における一頂点を示している。そうであれば、イエスの悲劇的事件の衝撃性はほとんど感じられないのも無理からぬことである。にもかかわらず注目されるのは、この部分の中央にある、「我々のためポンティオ・ピラトのもとで十字架に付けられ、苦しみ、葬られた」の一句である。私たちがすでに見た、1コリント一五3-4を元にして作られたものであるが、これほどの神学的思弁の洪水の中でも、十字架の悲劇を遠く示唆する文句を埋没させ得なかったところに一縷《いちる》の望みがあるとでも言えようか。確かにキリスト教は、このイエスの十字架事件の記憶の上に成り立つものである。したがって、その悲劇性が原理的にであれ実際的にであれ、拒否されるか忘却されるか棚上げされるとき、本質的に似て非なるものに変質してしまうのである。

ここから、次のようなヤスパースの言及は、紙一重のところで正鵠《せいこく》をうがったものとは認められない。真にキリスト教

「キリスト教徒にとっては悲劇の中に本質的なものの現れるはずがない。真にキリスト教的に宗教的なものは文学とは縁がない。……人間の根本経験はいずれもそれがキリスト教的である限り、悲劇的でなくなってしまう。罪は解脱のきっかけであるところの幸福な罪（フェリックス・クルパ）に転ずる。ユダの裏切りが、すべて信ずる者の至福の根源ともいうべきキリストの殉死のきっかけとなる。キリストがこの世の中での挫折・難破の最も深刻な象徴であるとしても、やはりキリストはいささかも悲劇的でなく、挫折のさなかにあって洞察をもち、何ものかを充足させ、完成させているのである」（ヤスパース『悲劇論』二七〜二九頁）。

ガリラヤ湖

実は、「キリスト教徒にとっては」、まさに「悲劇の中に」こそ「本質的なものが現れる」と言わねばならない。この逆説を原理的に否定したところには、キリスト教はもはや存在していない。それが何ものであるかは、また別の問題である。

結論——悲劇的なるもののキリスト教的意味

以上の考察をまとめ、エピローグとしよう。

「悲劇的なるもの」は、キリスト教的福音の発生と展開とを担った本質的な要素であった。キリスト教はイエスの十字架の「悲劇」に始まり、それに巻き込まれた直弟子たちの悲劇的事柄把握から発生した。心理学的に見れば、エルサレム原始教会は、イエスを裏切った彼らの自己把握を、イエス亡き後の「喪の作業」として展開する行為から生まれた。いわゆる「受難物語」の濫觴《らんしょう》も、この心理的磁場に求められる。その後、パウロはイエスの十字架の悲劇性を再度えぐる形で言語化した。神学史的にはパウロの十字架の神学と受難物語を継承しつつ、かつ「ケリュグマ文」の抽象性を乗り越えながら、イエスの物語全体を悲劇的視点から再現したのが福音書記者マルコである。事実、この福音書は、アリストテレスの悲劇論を当てはめて見ても、その悲劇的性格が浮き彫りとなる。

もっとも、原始キリスト教の枠内では、常に「悲劇的なるもの」を深める形で福音が担われていったわけではない。むしろ早い時期から、その「非悲劇化」とでも言うべき方向が活性化していた。どちらかと言えば、こうした観念的・教義的・理性的理解がキリスト教の表看板となっていったとすら言えよう。しかしながら、十字架の記憶に基づく悲劇的感性は、福音の観念化・図式化・固定化に対する最終的な是正力として、今に至るまで働き続けたように思われる。

ギリシャ悲劇用の仮面

キリスト教は、そのイスラエル的出自からしても、またイエス惨殺の原点からしても、決して理性の宗教ではない。それは根源的にパトスの宗教である。ニーチェの概念を借りれば、「アポロ的」であるよりは、いっそう深く「ディオニュソス的」次元のものであり、オットーの言う「ヌミノーゼ」的なものである。たとえそれの標榜する教義が永遠の真理を公言し、悲劇的なものを遥かに後にしたように見えても、キリスト教のエネルギーはそうした明澄性をご破算にし、常に悲劇的なるものの現実の磁場に回帰するのである。
現在の私たちにとって、キリスト教を悲劇的ダイナミズムから見直すことは、多くのことを教えずにいないと思われる。キリスト教はその概念的体系に目をやる限り、もはや現代人に無条件で訴える力を失ったように見える。しかしその根源の悲劇にまつわる情動に目をやれば、その衝迫性は今なおわれわれを動かさずにはいない。現代のように、大小の悲劇がとめどなく生起する時代であれば、なおさらのことである。悲劇への目は、何よりも、否定的な苦難の現象を前にして目を被うのではなく、それを中和化するのでもなく、それを真っ正面から凝視し、それと関わり抜くことを暗黙の内に教えている。それは、その際の「恐れと心痛」を担い切ることによって、やがて逆に新しい知恵と洞察が生まれ、不条理な中にも生きていく新たな勇気が与えられるかも知れないからである。悲劇を乗り越える鍵は、他ならぬ悲劇自身がたずさえていることを、かつてのゴルゴタの事件は示しているように思われる。

最後に、一九九七年春、娘・彩花さん（当時一〇歳）を神戸「少年事件」で失った母親・山下京子さんの言葉を引用して本書を閉じる――

「私は、娘の死を通じて何倍も深い人生を知ることができたと思います。人間というものの、命というものの奥深さを教えてくれたのは、『事件』から逝去までの娘の一週間の姿でした。……

私は娘から、その人生を生き抜いていく思想を教えてもらいました。人間は、どんな絶望をも希望に変えていく力を持っています。どんな悲しみをも、人生の価値に変えていく力を持っています。永遠に前へ前へと進んでいく『生きる力』を持っています。……」

（山下京子『彩花へ――「生きる力」をありがとう』四頁）。

あとがき

このエッセイのもとは、いまから二〇年以上前、日本聖書学研究所で口頭発表した「悲劇としての受難物語」に遡る。それを一九九六年、日本基督教団出版局の『現代聖書講座Ⅲ・聖書の思想と現代』にマルコ福音書に適用し直しつつ、「神と人間の一遭遇様式としての『悲劇』」と題して発表した。これらを結合し、修正し、そしてとりわけ後半を更に展開したものが本書である。

また、本書の前半部分は、一九九七年夏の西南学院大学神学部の集中講義でも扱った。その終りの試験レポートは「佐藤の講義内容を批判せよ」という題であったが、学生諸氏からは貴重な、手厳しい批評をたくさん頂いた。それをもとに考えたことも本書には組み込まれているはずである。そのときのレポート提出者の方々に御礼申し上げたい。

なお、本書中、イエスの直弟子たちの「喪の作業」に関して、この言葉を私に最初に示唆してくれたのは、一九九八年度早稲田大学第二文学部一年生であった佐々木浩君である。佐々木君は、私が「キリスト教概説」の授業において、原始キリスト教は直弟子たちの「負い目」から生まれたものだという発言に触発され、それをフロイトの「喪の作業」に連結させる優れた期末レポートを提出した。佐々木君のこの示唆からは多くを学んだので、特別に謝しておきたい。

いまだ掘り下げたり、補足したい部分は多々あるが、これ以上出版社に迷惑をかけたくないので、ここで筆をおくことにする。本書に関する、読者諸氏の忌憚のない批判を頂ければ幸甚である。また、何年も前にこの書の執筆を勧めてくださった清水書院の清水幸雄氏、また編集の労をとって頂いた編集部の高野邦治氏には、改めて感謝の意を記しておきたい。

二〇〇〇年八月二三日、猛暑を越えて

佐藤 研

引用・参考文献

（新約聖書の引用は、可能な限り『新約聖書』岩波書店による。ギリシャ悲劇の引用は、『ギリシア悲劇全集Ⅰ-ⅩⅢ』岩波書店による）

アウエルバッハ、E.『ミメーシス――ヨーロッパ文学における現実描写、上・下』篠田一士・川村二郎訳（ちくま学芸文庫1165. 1359）、筑摩書房、一九九四年（E.Auerbach, Mimesis. Dargestellte Wirklichkeit in der abendländischen Literatur, Bern ^{1}1946）.

青野太潮『「十字架の神学」の成立』ヨルダン社、一九八九年.

同「パウロの『十字架の神学』の社会倫理への射程」『聖書学論集』27、一九九四年、一～二五頁.

荒井献（編）『使徒教父文書』（講談社文芸文庫）、講談社、（^{1}一九七四年）一九九八年.

アリストテレス『詩学』藤沢令夫訳、『世界の名著Ⅷ・アリストテレス』中央公論社、一九七二年、二七五～三五八頁.

同『詩学』今道友信訳、『アリストテレス全集ⅩⅦ』岩波書店、一九七二年、一～二五二頁.

同『政治学』山本光雄訳、『アリストテレス全集ⅩⅤ』岩波書店、一九六九年、一～四一三頁.

『シモーヌ・ヴェーユ著作集 Ⅳ：神を待ちのぞむ他』渡辺秀他訳、春秋社、一九六七年（S. Weil, Attente de Dieu, Paris ^{3}1966〔orig. 1942〕）.

太田修司「文学批評——物語批評と読者反応批評を中心に——」、木幡藤子・青野太潮（編）『現代聖書講座Ⅱ・聖書学の方法と諸問題』日本キリスト教団出版局、一九九六年、二三三～二五〇頁.

同「百卒長のアイロニー——マルコ15：39と物語批評」『聖書学論集』30号、一九九七年、八七～一二四頁.

大貫隆『マルコによる福音書Ⅰ』日本基督教団出版局、一九九三年.

同『グノーシスの神話』岩波書店、一九九九年.

岡本靖正・川口喬一・外山滋比古（編）『現代の批評理論1・物語と受容の理論』研究社、一九八八年.

小此木啓吾『対象喪失——悲しむということ——』（中公新書557）、中央公論社、一九七九年.

小高毅（編）『原典古代キリスト教思想史2・ギリシア教父』教文館、二〇〇〇年.

オットー、R.『聖なるもの』山谷省吾訳（岩波文庫）、一九六八年（R. Otto, Das Heilige, Gotha 1929 [^{1}1917]）.

海後宗臣・仲新（編）『日本教科書体系・近代編8・国語〔5〕』講談社、一九六四年、三八～三九頁.

河合隼雄『影の現象学』思索社、一九七六年.

川島重成『ギリシア悲劇——神々と人間、愛《エロス》と死《タナトス》——』（講談社学術文庫1395）講談社、一九九九年.

カンペンハウゼン、H.『空虚な墓』蓮見和男・畑祐喜訳、新教出版社、一九六四年、三～六五頁（H. von Campenhausen, Tradition und Leben. Kräfte der Kirchengeschichte, Tübingen 1960所収）.

北森嘉蔵『神の痛みの神学』講談社、一九八四年（^{1}一九四六年）.

キェルケゴール、S.A.『イエスの招き——キリスト教の修練——』井上良雄訳（角川文庫675）、一九六八年（Kierkegaard, S.A., Indovelse i Christendom, 1850）.

佐藤研「神と人間の一遭遇様式としての『悲劇』」、木田献一・荒井献（編）『現代聖書講座Ⅲ・聖書の思想と現代』日本キリスト教団出版局、一九九六年、一八九～二一〇頁.

シェイクスピア、W.『リア王』福田恒存訳（新潮文庫）、新潮社、一九六七年.

同『オセロー』福田恒存訳（新潮文庫）、新潮社、一九七三年.

シューウォル、R. B.『悲劇の探求』上野直蔵監訳、南雲堂、一九七二年（R.B. Sewall, The Vision of Tragedy, New Haven 1959）.

シュタイガー、E.『詩学の根本概念』高橋英夫訳、法政大学出版局、一九六九年（E. Staiger, Grundbegriffe der Poetik, Zürich 1946）.

セネカ『悲劇集1』小川・高橋・大西・小林訳（西洋古典叢書）、京都大学出版会、一九九七年.

同『悲劇集2』岩崎・大西・宮城・竹中・木村訳（西洋古典叢書）、京都大学出版会、一九九七年.

竹内敏雄『アリストテレスの芸術理論』弘文堂、（[1]一九五九年）[2]一九六九年.

タップリン、O.「ギリシア悲劇の普遍性」佐野好則訳、『ギリシア悲劇全集Ⅲ』月報3、岩波書店、一九九九年、一～三頁.

ティリッヒ、P.『存在への勇気』谷口美智雄訳、新教出版社、一九五四年（P. Tillich, Courage to Be, 1952）.

冨原眞弓『ヴェーユ』（人と思想107）清水書院、一九九二年.

冨原芳彰（編）『文学の受容——現代批評の戦略——』研究社、一九八五年.

ニーチェ、F.「音楽の精神からの悲劇の誕生」（西尾幹二訳）、『ツアラトゥストラ・悲劇の誕生』（世界の名著46）、中央公論社、一九六六年、四五一～六一七頁（F. Nietzsche, Die Geburt der Tragödie aus dem Geist der Musik, 1872）.

野田正彰『喪の途上にて――大事故遺族の悲哀の研究――』岩波書店、一九九二年.

パークス、C. M./ワイス、R. S.『死別からの恢復』渡辺明子訳、図書出版社、一九八七年（C.M. Parkes/R.S. Weiss, Recovery from Bereavement, New York 1983）.

挽地茂男「イエスと弟子たち――マルコ福音書における『弟子』の文学的機能をめぐって――」『聖書学論集』26号、一九九三年、七〇～一三一頁.

フライ、N.『批評の解剖』海老根宏・中村健二他訳、法政大学出版局、一九八〇年（N. Frye, Anatomy of Criticism: Four Essays, Princeton, 1957）.

ブルックス、C.（編）『悲劇の系譜』大場建治・赤川裕訳、至誠堂、一九六八年（C. Brooks (ed.), Tragic Themes in Western Literature, New Haven 1955）.

フロイト、S.「悲哀とメランコリー」井村恒郎訳、『フロイト著作集6・自我論・不安本能論』人文書院、一九七〇年、一三七～一四九頁（S. Freud, Trauer und Melancholie, 1917）.

ラファエル、S.『災害の襲うとき――カタストロフィの精神医学――』石丸正訳、みすず書房、一九九五年（B. Raphael, When Disaster Strikes. How Individuals and Communities Cope with Catastrophe, New York 1986）.

リーチ、C.『悲劇』小林稔訳、研究社、一九七六年（C. Leech, Tragedy, London 1969）.

ヤスパース、K.『悲劇論』橋本文夫訳、理想社、一九六〇年（K. Jaspers, Über das Tragische, München 1952）.

山下京子『彩花へ「生きる力」をありがとう』河出書房新社、一九九八年.

若林一美『死別の悲しみを超えて』（岩波現代文庫・社会13）、岩波書店、二〇〇〇年（一九九四年）.

………………………………………………………………

Dormeyer, D.: Die Passion Jesu als Verhaltensmodell, Münster 1974.

Golden, L.: Aristotle on Tragic and Comic Mimesis (American Classical Studies 29), Atlanta 1992.

Limbeck, M. (Hg.): Redaktion und Theologie des Passionsberichtes nach den Synoptikern (WdF 481), Darmstadt 1981.

Lucas, D.W.: Aristotle: Poetics, Oxford 1968.

Moore, S.D.: Literary Criticism and the Gospels. The Theoretical Challenge, New Haven/London 1989.

Parkes, C.M., Bereavement. Studies of grief in adult life, London/New York ^{3}1996.

Powell, M.A.: What Is Narrative Criticism? A New Approach to the Bible, London 1993 (^{1}1990).

Rhoads, D./Michie, D.: Mark as Story. An Introduction to the Narrative of a Gospel,

Philadelphia 1982.

Schenk, W., Der Passionsbericht nach Markus, Gütersloh 1974.

Schenke, L., Auferstehungsverkündigung und leeres Grab (SBS 33), Stuttgart 1968.

ders.: Studien zur Passionsgeschichte des Markus (FzB), Würzburg 1971.

Smith, S.H.: A Divine Tragedy: Some Observations on the Dramatic Structure of Mark s Gospel, NovTest 37 1995, pp. 209-231.

さくいん

【人　名】

【地　名】

【事　項】

写真提供
オリオンプレス
世界文化フォト
悠工房
JTBフォト
PPS
WPS

悲劇《ひげき》と福音《ふくいん》■人と思想160　　定価はカバーに表示

2001年3月21日　第1刷発行©
2015年9月10日　新装版第1刷発行©
2018年2月15日　新装版第2刷発行

・著　者 …………………… 佐藤《さとう》　研《みがく》
・発行者 …………………… 野村久一郎
・印刷所 …………………… 図書印刷株式会社
・発行所 …………………… 株式会社　清水書院

〒102-0072　東京都千代田区飯田橋3-11-6
Tel・03(5213)7151～7
振替口座・00130-3-5283
http://www.shimizushoin.co.jp

検印省略
落丁本・乱丁本はおとりかえします。

CenturyBooks

Printed in Japan
ISBN978-4-389-42160-1

CenturyBooks

清水書院の〝センチュリーブックス〟発刊のことば

近年の科学技術の発達は、まことに目覚ましいものがあります。月世界への旅行も、近い将来のこととして、夢ではなくなりました。しかし、一方、人間性は疎外され、文化も、商品化されようとしていることも、否定できません。

いま、人間性の回復をはかり、先人の遺した偉大な文化を継承して、高貴な精神の城を守り、明日への創造に資することは、今世紀に生きる私たちの、重大な責務であると信じます。

私たちがここに、「センチュリーブックス」を刊行いたしますのは、人間形成期にある学生・生徒の諸君、職場にある若い世代に精神の糧を提供し、この責任の一端を果たしたいためであります。

ここに読者諸氏の豊かな人間性を讃えつつご愛読を願います。

一九六七年

SHIMIZU SHOIN

【人と思想】既刊本

老子	高橋　進
孔子	内野熊一郎他
ソクラテス	中野　幸次
釈迦	副島　正光
プラトン	中野　幸次
アリストテレス	堀田　彰
イエス	八木　誠一
親鸞	古田　武彦
ルター	小牧　治 泉谷周三郎
カルヴァン	渡辺　信夫
デカルト	伊藤　勝彦
パスカル	小松　摂郎
ロック	浜林正夫他
ルソー	中里　良二
カント	小牧　治
ベンサム	山田　英世
ヘーゲル	澤田　章
J・S・ミル	菊川　忠夫
キルケゴール	工藤　綏夫
マルクス	小牧　治
福沢諭吉	鹿野　政直
ニーチェ	工藤　綏夫
J・デューイ	山田　英世
フロイト	鈴村　金彌
内村鑑三	関根　正雄
ロマン=ロラン	村上　嘉隆 村上　益子
孫文	横山　英 中山　義弘
ガンジー	坂本　徳松
レーニン（品切）	中野　徹三 高岡健次郎
ラッセル	金子　光男
シュバイツァー	泉谷周三郎
ネルー	中村　平治
毛沢東	宇野　重昭
サルトル	村上　嘉隆
ハイデッガー	新井　恵雄
ヤスパース	宇都宮芳明
孟子	加賀　栄治
荘子	鈴木　修次
アウグスティヌス	宮谷　宣史
トーマス・マン	村田　經和
シラー	内藤　克彦
道元	山折　哲雄
ベーコン	石井　栄一
マザーテレサ	和田　町子
中江藤樹	渡部　武
ブルトマン	笠井　恵二
本居宣長	本山　幸彦
佐久間象山	奈良本辰也 左方　郁子
ホッブズ	田中　浩
田中正造	布川　清司
幸徳秋水	絲屋　寿雄
スタンダール	鈴木昭一郎
和辻哲郎	小牧　治
マキアヴェリ	西村　貞二
河上肇	山田　洸
アルチュセール	今村　仁司
杜甫	鈴木　修次
スピノザ	工藤　喜作
ユング	林　道義
フロム	安田　一郎
マイネッケ	西村　貞二
エラスムス	斎藤　美洲
パウロ	八木　誠一
ブレヒト	岩淵　達治
ダンテ	野上　素一
ダーウィン	江上　生子
ゲーテ	星野　慎一
ヴィクトル=ユゴー	辻　昶 丸岡　高弘
トインビー	吉沢　五郎
フォイエルバッハ	宇都宮芳明

平塚らいてう	小林登美枝
フッサール	加藤精司
ゾラ	尾崎和郎
ボーヴォワール	村上益子
カール=バルト	大島末男
ウィトゲンシュタイン	岡田雅勝
ショーペンハウアー	遠山義孝
マックス=ヴェーバー	住谷一彦他
D・H・ロレンス	倉持三郎
ヒューム	泉谷周三郎
シェイクスピア	福田陸太郎 菊川倫子
ドストエフスキイ	井桁貞義
エピクロスとストア	堀田彰
アダム=スミス	浜林正夫 鈴木亮
ポパー	川村仁也
フンボルト	西村貞二
白楽天	花房英樹
ベンヤミン	村上隆夫
ヘッセ	井手賁夫
フィヒテ	福吉勝男
大杉栄	高野澄
ボンヘッファー	村上伸
ケインズ	浅野栄一
エドガー=A=ポー	佐渡谷重信

ウェスレー	野呂芳男
レヴィ=ストロース	吉田禎吾他
ブルクハルト	西村貞二
ハイゼンベルク	小出昭一郎
ヴァレリー	山田直
プランク	高田誠二
ラヴォアジエ	中川鶴太郎
T・S・エリオット	徳永暢三
シュトルム	宮内芳明
マーティン=L=キング	梶原寿
ペスタロッチ	長尾十三二 福田弘
玄奘	三友量順
ヴェーユ	冨原眞弓
ホルクハイマー	小牧治
サン=テグジュペリ	稲垣直樹
西光万吉	師岡佑行
ヴァイツゼッカー	加藤常昭
メルロ=ポンティ	村上隆夫
オリゲネス	小高毅
トマス=アクィナス	稲垣良典
ファラデーとマクスウェル	後藤憲一
津田梅子	古木宜志子
シュニツラー	岩淵達治

タゴール	丹羽京子
カステリョ	出村彰
ヴェルレーヌ	野内良三
コルベ	川下勝
ドゥルーズ	鈴木亨
「白バラ」	関楠生
リジュのテレーズ	菊地多嘉子
リッター	西村貞二
プルースト	石木隆治
ブロンテ姉妹	青山誠子
ツェラーン	森治
ムッソリーニ	木村裕主
モーパッサン	村松定史
大乗仏教の思想	副島正光
解放の神学	梶原寿
ミルトン	新井明
ティリッヒ	大島末男
神谷美恵子	江尻美穂子
レイチェル=カーソン	太田哲男
オルテガ	渡辺修
アレクサンドル=デュマ	辻昶 稲垣直樹
西行	渡部治
ジョルジュ=サンド	坂本千代
マリア	吉山登

ラス=カサス	染田　秀藤
吉田松陰	高橋　文博
パステルナーク	前木　祥子
パース	岡田　雅勝
南極のスコット	中田　修
アドルノ	小牧　治
良寛	山崎　昇
グーテンベルク	戸叶　勝也
ハイネ	一條　正雄
トマス=ハーディ	倉持　三郎
古代イスラエルの預言者たち	木田　献一
シオドア=ドライサー	岩元　巌
ナイチンゲール	小玉香津子
ザビエル	尾原　悟
ラーマクリシュナ	堀内みどり
フーコー	今村　仁司 栗原　仁
トニ=モリスン	吉田　廸子
悲劇と福音	佐藤　研
リルケ	星野　慎一 小磯　仁
トルストイ	八島　雅彦
ミリンダ王	森　祖道 浪花　宣明
フレーベル	小笠原道雄

ヴェーダからウパニシャッドへ	針貝　邦生
ベルイマン	小松　弘
アルベール=カミュ	井上　正
バルザック	高山　鉄男
モンテーニュ	大久保康明
ミュッセ	野内　良三
ヘルダリーン	小磯　仁
チェスタトン	山形　和美
キケロー	角田　幸彦
紫式部	沢田　正子
デリダ	上利　博規
ハーバーマス	小牧　治 村上　隆夫
三木清	永野　基綱
グロティウス	柳原　正治
シャンカラ	島　岩
ハンナ=アーレント	太田　哲男
ミダース王	西澤　龍生
ビスマルク	加納　邦光
オパーリン	江上　生子
アッシジのフランチェスコ	川下　勝
スタール夫人	佐藤　夏生
セネカ	角田　幸彦

ペテロ	川島　貞雄
ジョン・スタインベック	中山喜代市
漢の武帝	永田　英正
アンデルセン	安達　忠夫
ライプニッツ	酒井　潔
アメリゴ=ヴェスプッチ	篠原　愛人
陸奥宗光	安岡　昭男